활보
활보

활보 활보 : 초보 장애인활동보조의 좌충우돌 분투기

발행일 초판1쇄 2013년 4월 15일 | **지은이** 정경미 | **일러스트** 한유사랑 | **펴낸곳** 북드라망 | **펴낸이** 김현경 |
주소 서울시 종로구 사간동 69 영정빌딩 4층 | **전화** 02-739-9918 | **이메일** bookdramang@gmail.com
ISBN 978-89-97969-21-0 03300 | 이 도서의 국립중앙도서관 출판시도서목록(CIP)은 서지정보유통지원
시스템 홈페이지(http://seoji.nl.go.kr)와 국가자료공동목록시스템(http://www.nl.go.kr/kolisnet)에서 이
용하실 수 있습니다.(CIP제어번호: CIP2013001675) | **Copyright © 정경미** 저작권자와의 협의에 따라 인
지는 생략했습니다. 이 책은 지은이와 북드라망의 독점계약에 의해 출간되었으므로 무단전재와 무단복제를
금합니다. 잘못 만들어진 책은 서점에서 바꿔 드립니다.

책으로 여는 지혜의 인드라망, 북드라망 **www.bookdramang.com**

초보 장애인활동보조의
좌충우돌 분투기

활보
활보

정경미 지음

BookDramang
북드라망

머리말

나는 어렸을 때부터 글을 쓰는 습관이 있었다. 하루 일에서 마음에 남는 생각과 느낌을 노트에 끄적거리다 잠이 드는 습관. 그건 뭐랄까…… 일종의 생리 작용과 같다. 하루 동안 있었던 일들이 내 몸에 들어와서 북적거린다. 그걸 글로 풀어 주지 않으면 몸이 덜거덕거려 잠이 오지 않는다. 이런 습관 때문에 '장애인활동보조' 일을 하면서도 나는 활보 일지를 쓰고 있었다.

세상에나 만상에나 오늘은 이런 일이 있었어! 일을 처음 시작하면서 나는 하루 하루가 새로웠다. 나로서는 세상에 태어나 한 번도 만나 본 적이 없는 낯선 신체와 뭔가를 같이한다는 게 죽음과 같은 공포이자 동시에 두려움이 싹 걷히는 순간의 생생한 삶의 체험이었다. 몸에서 하고 싶은 말들이 마구 쏟아져 나왔다. 나는 매일 그것을 노트에 썼다. 그리고 그 노트를 바탕으로 감이당(인문의역학연구소. 몸과 우주의 이치는 하나라는 지혜를 삶의 윤리적 기술로 바꾸는 배움의 공동체) 2학년 1학기 에세이를 썼는데, 이 에세이를 읽고 동학들이 배꼽을 잡고 웃었다. 재밌다 재밌어! 그래서 출판사 블로그에 글을 연재하게 되었다. 연재 글은 '코믹 활보극'이라 하여 인기 폭발이었다(흠… 나는 그렇게 믿는다). 해서, 혼자 노트에 끄적이던 활보 일지는 영광스럽게도 이렇게 책으로까지 나오게 된 것이다. 음하하하! 나는 왜 이렇게 재미있는가!

그런데 참 이상하다. 나는 재밌는 사람이 전혀 아니다. 오히려 과도하게 진지해서 분위기를 썰렁하게 하는 축이랄까? 그런데 어떻게 내가 쓴 글은 웃기는 거지? 예를 들면 이런 식이다. S가 똥을 누고 나면 내가 휴지로 닦아 준다. 내가 선 위치에선 S의 항문이 잘 안 보인다. 그래서 대충 위치를 가늠해서 닦게 되는데…… 이때 S가 퉁명스럽게 "언니, 거기 아니거든?"이라고 말할 때. 혹은, H는 이틀에 한 번씩 빨래를 한다. 아유 물 낭비, 세제 낭비…… 뭣 하러 그렇게 해? 일주일에 한 번씩 모아서 해. 그러면 H는 이렇게 대답한다. "안돼! 갈아 입을 빤스가 없어!" 너무 아무것도 아닌 일이 웃긴다. 너무 처절한 상황에서 오히려 웃음이 난다.

장애인은 '자연에 가까운' 신체이다. 문명의 혜택으로부터 멀리 떨어져 있는 존재. 그런데 이 가난이 반드시 결핍을 뜻하는 것만은 아니다. 문명의 혜택을 누리기 위해 우리가 치러야 할 대가가 있다. 자연의 건강한 생명력. 장애인들은 문명의 혜택을 덜 누리는 대신 그걸 가지고 있다. 내 글을 읽고 사람들이 웃음을 터뜨린 이유는 일을 하면서 내가 자연에 가까운 신체를 만나, 자연의 건강한 생명

력과 접속했기 때문일 것이다.

장애인은 매 순간 자신의 한계와 직면하고, 그것을 넘어서는 초인이라고 나는 생각한다. 일을 시작하고 얼마 되지 않았을 때, 제이가 설문조사 아르바이트를 하게 되었다. 유치원, 초·중·고등학교를 방문해서 장애인 편의시설이 잘 되어 있나 알아보는 것. 이 조사를 하려면 방문할 학교에 전화해서 특수학급 관련 교사와 통화를 해서, 설문조사 도와달라고 부탁해서, 만날 시간 약속을 정해야 한다. 그런데 이 약속 만들기가 쉽지 않다. 일단, 저쪽 편에서 언어 장애가 있는 사람의 말을 끝까지 듣고 무슨 말 하는 건지 용건을 이해하는 게 쉽지 않다. 우리는 네 군데 학교의 전화번호를 받고 작업을 진행했다. 세 건은 제이가 통화하고, 한 건은 내가 통화했다. 그런데 제이는 세 건의 약속을 모두 성사시켰는데(전화로 만날 시간을 잡고 설문조사를 성공적으로 끝내는 일까지), 내가 한 전화는 거절당했다. "아, 죄송해요. 지금 너무 바빠서요." 광고 전화를 받을 때처럼 귀찮은 투로 상대방은 내 말을 끝까지 들어 주지도 않고 전화를 끊었다. 어찌 된 일일까. 나는 분명히 제이보다 말을 잘하는데 어째서 나는 실패하고 제이는 성공했을까. 내가 놓친 건을 제이가 다시 전화를 해서 약속을 잡았다.

이때 나는 알았다. 사람의 마음을 움직이는 건 '달변의 기술'이 아니라 마음을 다하는 '진정성'이라는 것! 제이는 이 전화 한 통을 위해 며칠 동안 고민을 했고, 마치 연극배우가 대사를 외듯 자신이 할 말을 종이에 써서 외웠다. 그리고 내 앞에서 몇 번이나 리허설까지 했다. 그런데 나한테 그 전화는 크게 힘쓸 것도 없는 '남의 일'이었다. 그러니 대충 습관적으로 말을 한 것이다. 그때 나는 내 몸의 세포를 몇 개나 움직인 것일까. 제이는 '아'라는 한마디 말을 하기 위해 온몸의 힘을 다 끌어냈다. 몸부림을 치면서 '내 말을 꼭 들어 주세요'라는 절박한 마음을 전했다. 그게 전화기 저편 사람의 마음을 움직인 것이다.

일을 하면서 나는 참으로 부끄러웠다. 이 사회 시스템에서 사십 년 넘게 살아 오면서 한 번도 불편함을 느끼지 않았다는 것. 자신의 한계에 부딪쳐 보지 않았다는 것. 이것이야말로 커다란 마음의 장애가 아니겠는가.

글을 쓰면서 봄·여름·가을·겨울이 지나고 다시 봄을 맞이하게 되었다. 달력에는 봄이 왔지만 제이의 마음에는 아직 봄이 오지 않았다. 제이는 작년까지 하던 복지 일자리마저 끊기고 올봄 실업자가 되었다. 알바 자리를 구해 사방을 돌아다니고 있지만 아직 제이를 불러 주는 곳은 없다. 그래도 봄이 온다니 반갑게 맞이할 준비를 해야지……. 파마를 하러 우리는 미용실에 갔다. 제이 엄마께서 아는 미용실이라 파마를 이만 원에 해준다. 요즘 물가가 올라서 파마 값이 십만 원씩 한다는데 이렇게 싸게 해주셔서 감사합니다. 파마 값을 치르면서 내가 이렇게 호들갑을 떨며 인사치레를 했더니 미용사가…… 그러게요, 이번만 이만 원 하고 담부턴 이만오천 원 주세요……. 제이 얼굴이 흙빛이 되었다.

책을 준비하면서 내가 제이를 팔아먹어도 정말 끝까지 팔아먹는구나 싶다. 나의 쓸데없는 말잔치가 제이가 살아가는 데 짐을 더하는 일은 아닌지. 하지만 어쩌겠는가. 나부터 살고 봐야 하지 않겠는가. 부디 이 책이 많이 팔려서 나는 더운 물 펑펑 나오는 집으로 이사 가고, 제이는 이산가족──잃어버린 운명의 반쪽을 꼭 찾기를 바란다.

마지막으로 중간에 연재처가 바뀌는 곡절이 있었음에도 불구하고 블로그로 찾아와 글을 읽고 나와 제이, S, H와 함께 웃어 주었던 그리고 나도 함께 웃게 해준 독자 여러분께 고마움을 전하고 싶다. 독자들이 나의 글쓰기를 '활보'해 준 덕분에 이 책이 나올 수 있었다. 깊이 감사드린다.

2013(계사년) 봄

정경미

프롤로그

:
.

내 마음의 활보

나는 요즘 '장애인활동보조'(줄여서 '활보'라고 한다) 일을 하고 있다. 혼자서는 움직이기 힘든 중증장애인의 손발이 되어 먹고, 씻고, 옷 입고, 외출하는 등 생활에 꼭 필요한 활동을 함께하는 일이다. 같이 살던 친구가 우연히 소개해 줘서 이 일을 하게 됐다. 전에 나는 이런 일이 있다는 것도 몰랐다. 남들이 차려 놓은 밥상에 숟가락 하나 더 보태며 덤으로 살았다. 가족들 속에서는 육남매 중 막내라 고생을 모르고 자랐다. 힘든 일은 언니 오빠들이 다 해줬다. 여기 있다간 영원히 어른이 못 되겠다 싶어 학교 졸업하고 집을 뛰쳐나왔지만 세상에 나와서도 너무 좋은 사람들만 만난 덕에 공부만 하고 살았다. 일이라고 해봐야 애들 독서 논술 가르치는 정도. 한 번도 몸 쓰는 일에 전념해 본 적이 없다.

그런데 어느 순간, 그저 남에게 주워들은 소리에 불과한 현란한 언어들로 치장한 나의 삶이 완전히 엉터리라는 것을 알게 되었다. 한 번도 내 몸이 속한 구체적인 삶의 현장에 관심과 애정을 가져 본 적이 없이 허황한 욕심을 좇아 살다가 어느 순간 보니 나는 세상 어디에도 발붙일 곳이 없었다. 그나마 그동안 내 삶의 유일한 현장이었던 언어에 대한 극심한 혐오증이 찾아왔다. 책을 읽을 수가 없고, 글을 쓸 수가 없게 되었다. 문자를 보면 구역질이 올라왔다.

이게 도대체 어찌 된 일일까. 책을 읽고 글을 쓰는 일이 그동안 나의 생활이었는데 그것을 할 수 없다면 나는 이제 어떻게 살아야 하나. 막막한 가운데 나는 수십 년을 함께 살아오면서 그동안 한 번도 그 존재를 느껴본 적이 없는 내 몸을 하나의 낯선 타자로 새롭게 만나게 되었다. 다 귀찮다! 남의 말 다 듣기 싫다! 하면서 하루 종일 깜깜한 동굴 같은 데 웅크리고 있다가, 누가 건드리면 격렬한 발작 증세를 보이는 자신이 당황스러웠지만 책을 덮고 쉴 수밖에 없었다. 때 되면 밥 먹고, 하루 종일 걷고, 아침에 저절로 눈이 떠질 때까지 잠을 푹 자고…… 이렇게 한 일 년을 보낸 것 같다. 그러다가 정말 먹고살 길이 막막해져서 시작한 게 활동보조 일이다.

활동보조 일을 하면서 내가 처음 만난 친구는 J(앞으로 J는 '제이'라 부르겠다). 제이랑은 지금도 같이 활동하고 있다. 얼마나 기적 같은 일인가! 제이를 만나고 일주일도 안 돼서 나는 '짤릴' 뻔했던 것이다. 그때 난 감이당에서 공부한답시고 처음 만난 제이에게 대뜸 "생년월일이 어떻게 돼? 사주 봐 줄게"라고 말했다. 제이의 표정이 싸늘하게 굳었다. "나는 그런 거 알고 싶지도 않고, 믿지도 않아." 제이는 자립생활센터(중증장애인이 지역사회에 참여하여 자립적으로 생활할 수 있도록 다양한 프로그램을 지원해 주는 단체)에 전화해서 활보를 바꿔 달라고 했다. 나는 제이에게 싹싹 빌었다. 제발 한 달만 써 보고 결정해 달라고. 해서, 간신히 구직과 동시에 실직을 당하는 사태는 면했지만, 이후로도 나는 두 번이나 더 제이에게 잘릴 뻔했다.

두번째 실직의 위기는 복지 일자리(가 궁금하다면 '아르바이트' 편을 먼저 읽어 봐도 된다) 근무를 하면서 발생했다. 나는 제이의 외출 보조를 한다. 제이의 외출 중에 가장 중요한 것은 복지 일자리 근무이다. 작업장에서 제이가 해야 하는 일은 동료 상담과 청소이다. 그런데 몸이 불편한 제이를 배려해서 작업장에서는 제이에게 일하지 말고 그냥 책 읽으라고 했다. 근무 시간에 책을 읽는 일. 얼마나 좋은가. 나는 항상 공부할 게 밀려 있다. 작업장 근무 시간에 나는 제이 옆에서 감이당 숙제를 한다. 시험 칠 거 외우고 책 읽고 글도 쓴다. 그런데 제이는 하는 일 없이 앉아 있어야 하는 이 시간이 고역이다. 같이 복지 일자리 근무하는 다른 친구들은 아예 작업장 안에 들어오지도 않는다. 근처 공원에서 얘기하다가 시간 되면 퇴근한다. 이 걸 보고 제이가 "나도 밖에 나가서 놀래"라고 하는 게 아닌가!

맙소사. 작업장에서 배려를 해줘서 일하는 시간에 쉬게 해준 건데 아예 나가 놀겠다니. 나는 기가 막혔다. 업무 태만은 둘째치고 자기가 하고 있는 일에 대한 자존감이 이렇게 없을 수가 있나. 일이 없으면 찾아서 해야 할 게 아닌가. 차려 주는 밥상에 투정을 부리고 있는 제이가 답답해서 나는 화를 벌컥 냈다. 이 철딱서니 없는 아가씨야, 일 그렇게 하려거든 당장 때려치워!

그러나, 이 말은 서비스 제공자가 이용자에게 할 소리는 아니었다. 하루 종일 휠체어에 앉아 있는 제이에게는 앉아서 책 읽는 게 절대 휴식이 될 수 없다. 그건 집에서 혼자서도 할 수 있는 일 아닌가. 제이는 일을 통해 활동을 하고 싶고, 사람들과 섞이고 싶고, 세상과 만나고 싶었다. 앉아서 책 봐서 좋은 건 나지 제이가 아니었던 것이다. 너 그럴 거면 일 그만둬. 정작 이 말을 해야 할 사람은 제이였다.

그러나 제이는 나에게 차마 그 말을 할 수 없었다. 하루라도 일을 못하면 당장 밥을 굶고 길바닥에 나앉아야 하는 나의 형편을 뻔히 아는 까닭이다. 제이는 센터에 전화에서 잠시 이용자 불만을 호소하는 것으로 사태를 덮어 두었다. 이렇게 해서 나는 두번째 실직의 위기를 넘겼다.

제이는 자유를 향한 간절한 염원의 눈빛으로 새로운 세상이 오기를 기다린다. 어서 장애인의 인권이 향상되고 활보의 노동 조건이 개선되어 자신이 원하는 활보를 마음껏 고를 수 있는 시절이 오기를. 그러나 아직 그런 때는 오지 않고 있으니……. 활보 인력이 많이 부족한 상황이다. 현재 활보 서비스를 받고 있는 장애인 이용자는 3만 명인데 활보 노동자는 1만 명뿐이라고 한다. 그러니 누구라도 와 주면 고맙지 사람 가릴 형편이 못 되는 것이다. 나에 대한 불만이 가득 쌓여도 제이는 조용히 혼자 삭일 수밖에 없었는데……어느 날, 기회가 왔다.

다른 지역의 어떤 장애인 자립생활센터 소장님이 제이에게 놀라운 제안을 했다. 센터를 그쪽으로 옮기면 새 활보, 그것도 남자 활보를 연결해 주겠다는 것. 이것저것 따져볼 것도 없었다. 얼마나 고대하던 기회인가! 제이는 그 자리에서 당장 "오케이, 땡큐"라고 소리쳤다. 이렇게 해서 나는 세번째 실직의 위기를 맞게 된다.

제이, 넌 내가 그렇게도 싫으니? 난 네가 너무 좋은데……! 나는 밥그릇을 사납게 움켜잡으며 포효했다. 공포 플러스…… '차마 떨쳐 버리지 못하는 마음' 때문에 이번에도 제이는 흔들리고 말았다. 저 호랑이가 혹시 나 없으면 굶어 죽는 거 아닌가? 제이는 거의 성자에 가까운 인내심으로 매혹적인 스카웃 제의를 거절하고 한 번 더 나를 참고 견디기로 했다. 그래, 세 번 참으면 하늘도 감동해서 무지개를 타고 아름다운 천사가 내려와 나의 새로운 활보가 되어 주겠지. 하야, 나는 세번째 목이 달아날 위기를 넘기고 아직 무사히 살아 있다. 음하하핫!

내가 두번째로 만난 친구 S. 약 8개월간 우리는 매일 아침 만났다. 눈만 뜨면 만나서 우리가 주로 하는 일은 싸우는 활동. 정말 S랑은 맨날 싸웠다. 뭐 때문에 싸웠는지 지금은 기억도 잘 안 난다. 나에게는 누구한테라도 히스테리 부릴 사람이 필요했는데 그때 마침 S가 같이 있었나 보다. 덕분에 나는 화병이 나았다. 착한 척하고 사느라 속에 쌓인 울화 덩어리가 S랑 싸우면서 다 터졌다. 내 병이 낫자 S는 떠났다. 나는 지금 S를 만나지 않는다. S는 체험홈(재가 장애인 및 시설 거주 장애인 중 자립생활을 준비하는 이에게 일정 기간 무상으로 제공하는 주거공간. 주로 장애인 자립생활센터에서 운영한다)에서 살다가 방 얻어서 독립했다. "니는 태평양 한가운데 혼자 던져놔도 살끼다." 시설에서 나올 때, 불편한 몸으로 혈혈단신 상경하는 S에게 그곳 선생님이 그렇게 말했다고 한다. 맞다. 내가 지갑을 탈탈 털어도 돈이 사십 원밖에 없어서 자판기 커피 빼먹게 동전 좀 달라고 했더니 S는 이렇게 말했다. "나도 돈 없어. 돈 없어서 나도 교회 헌금 외상했어."

교회 헌금을 외상하다니…… 악랄한 S. 어디서든 잘 살고 있겠지.

　최근 아침의 활보를 다시 시작하면서 내가 세번째로 만난 H. 시설에서 나온 지 17개월 된 H는 마흔아홉 살의 신생아. 요즘 새로 말 배우느라 바쁘다. 휠체어가 뻑뻑하니 잘 안 나가서 보장구센터에 갔다. 겨울에는 기계 작동이 원래 좀 둔해집니다. 크게 이상은 없어요. 그러니까 H의 입에서 저절로 튀어나오는 말…… 제엔장! 엔지니어가 눈이 동그래져서 묻는다. 누님, 그런 말 어디서 배웠어요? H는 다시 대답한다. 모, 모……올라, 거지 발싸개 같애! H는 주로 활보들이 하는 말을 따라 하면서 배운다. 나는 바른 말, 고운 말을 써야겠다고 마음먹는다. 하지만 그게 마음먹은 대로 돼야 말이지, 젠장!

　활보 일은 비장애인이 장애인이 못하는 일을 대신 해주는 게 아니라 두 개의 다른 신체가 한 몸이 되어 만들어 내는 새로운 활동이다. 이전에 나는 누군가와 이렇게 한 몸이 되어 어떤 활동을 해본 적이 없는 것 같다. J, S, H. 이 친구들을 만나면서 나는 새로운 몸을 얻었다. 부모님께 받은 몸이 아니라 새로운 활동으로 만들어진 몸. 집을 나오고도 여전히 가족들의 울타리에서 벗어나지 못했던 나. 학교를 졸업하고도 여전히 스펙 쌓는 공부에 지쳐가고 있던 나에게 새로운 신체와의 만남은 새로운 세상을 열어 주었다. 생각을 걷어 내고 몸으로 부딪쳤을 때 세상은 내가 아는 것과 다르다는 것. 그 생생한 기쁨과 분노를, 어리둥절한 놀라움과 터져나오는 웃음을, 좌충우돌 내 마음의 활보를, 당신과 함께하고 싶다.

초보 장애인활동보조의
좌충우돌 분투기

활보
활보

쿠쿠,
비닐공주

오늘은 비가 온다. 비가 오는 날은 S가 공주가 되는 날이다. 버리는 아기 유모차에서 떼 온 덮개를 휠체어에 붙이고, 여기다 앞뒤로 커다란 비닐을 씌웠다. 그러면 휠체어 전체가 비닐에 덮여서 이동 천막처럼 된다. 단, 휠체어에 앉았을 때 얼굴 부분은 구멍을 틔워서 앞을 볼 수 있도록 했다. 운전을 해야 하니까. 이 패션이 비옷 입고 벗는 것보다 편하고, 우산 쓰는 것보다 비를 많이 가려 주니까 좋다. 근데 이게…… 비 오는 날 빗물 뚝뚝 흘리며 비닐 천막 속에서 나오는 S의 모습이…… 정말 웃기다. 그래서 생긴 S의 새로운 별명 ──비닐공주!

　　S는 1급 중증 뇌병변장애인이다. 뇌병변장애는 뇌의 손상으로 인하여 신경근육이 마비되어 손발을 자유롭게 움직이지 못하며 말을 하는 데도 어려움이 있다. S는 뇌병변장애에다가 척추측만증(척추뼈가 휘고 비틀리는 병)까지 있어 상체가 약간 비틀어져 있고, 척추뼈에 눌려서 골반이 늘 아프며, 골반 아래쪽으로 무릎까지 근육 경

직이 오는 때가 많다. 한마디로, 숨쉬기도 고달픈 상황이다. 나는 매일 아침 이 S에게 가서 잠자리에서 일으켜 주고, 화장실에 가고, 씻고, 아침을 먹는 일을 도와주고 있다.

S는 딸만 다섯인 집의 넷째딸로 태어나 열 살 때까지 가족들과 함께 살다가, 열한 살 때 시설에 맡겨져 약 삼십 년 동안 있다, 작년에 시설에서 나와 서울로 왔다. 시설에 있을 때 검정고시로 중·고등학교 과정을 마치고 서울에 있는 대학에 진학을 해서, 학교 가까이서 공부하고 싶은 마음에 상경을 한 것이다. 혼자서는 앉고 서지도 걷지도 밥을 먹지도 못하는 몸으로 어떻게 혼자 살 엄두를 냈을까. 놀라운 일이다. 손발을 마음대로 움직이지 못하는데 어떻게 공부를 했냐 하면…… S는 다리 근육이 마비되어 일어서거나 걷지는 못

하는데 발가락은 마음대로 움직인다. 그래서 그 발가락으로 공부를 했다. 무릎 사이에 책을 끼고 발가락으로 책장을 넘겨 책을 읽고, 발가락으로 컴퓨터 자판을 눌러서 글을 쓰고 해서 공부를 한 것이다.

"엄마, 나 공부 시켜 줘. 학교 보내 줘!" 어렸을 때 S가 이렇게 말하면 엄마는 "사지불구인 니가 공부해서 뭐할라꼬? 조용히 엎드려 살아라"라고 하셨단다. 하지만 S는 천성이 호기심이 많고 총명했다. 언니들이 고무줄놀이를 하면서 부르는 노래를 금세 외웠다. 언니들이 숙제하는 옆에서 산수 셈 틀린 것도 지적했다. 시설에 살면서도 S는 늘 공부가 하고 싶었는데 기회가 없었다. 그러다가 비리 사건 때문에 시설이 개방되면서 S에게 공부의 기회가 찾아왔다. 시설에 공익요원이 근무하러 오고, 대학생들이나 종교 단체에서 자원봉사도 오고 해서 S는 처음으로 외부 사람들을 만나게 되었다. S는 이들에게 물어서 검정고시를 보고 대학에까지 진학을 하게 된 것이다. 검정고시 준비할 때 S에게 수학을 가르쳐 주셨던 분은 음주운전 벌칙으로 사회봉사 나온 분이었는데, 알고 보니 서울 유명 입시학원 원장님이었단다. 얼떨결에 S는 공짜로 고액 과외를 받은 셈이다.

시설에서 나온 지 1년 가까이 되어 가는 S는 지금 장애인 자립생활센터에서 운영하는 체험홈에서 살면서 자립을 준비하고 있다. 정부에서 주는 기초생활수급비와 장애연금을 받아서 한 달에 60~70만 원으로 생활한다. 학교 다니면서 공부하는 거, 교회 다니면서 신앙 생활하는 거, 그리고 매일 병원에 가서 물리치료 받는 거…… 이게 S의 중요한 생활이다. 나는 주로 아침에 잠깐 가서 하루를 시작할 수 있도록 잠을 깨우고, 먹고, 씻고 하는 일을 돕는다.

그런데 아침의 잠깐인 이 시간이 나에게는 완전 전쟁이다. 두 개의 신체가 부딪쳐서 무언가를 같이한다는 것. 그건 둘 중의 하나는 죽어야 하는 일이 아닌가 싶다. S는 손발을 못 쓰니 쉴새없이 말을 한다. 이거 해줘, 저거 해줘…… 이런 말이 나중에는 편하게 말한다는 게 이거 해, 저거 해…… 이렇게 된다. 암만 돈 받고 일하는 거라지만 나는 계속 듣고만 있어야 하고 누군가 끊임없이 나에게 명령과 요구를 하는 상황이 처음에 몹시 힘들었다. 게다가 S는 예의, 체면 이런 거 전혀 신경 안 쓰고 거두절미 본론만 공격적으로 말한다. 내가 흥분하면 손짓을 막 하면서 말하듯이, 손을 못 쓰는 S는 발길질을 막 하면서 말을 한다. 손가락질을 당해도 기분 나쁜데 누군가 나에게 발길질을 하면서 말하는 걸 계속 들어야 하는 상황이란 게…… 아, S는 손 대신 발을 쓰니까 내가 이해해야 한다고 생각은 하지만…… 생각 이전에 불쾌한 감정이 먼저 확 올라와 버리기 때문에 이걸 억지로 참자니 나는 숨이 막혀 죽을 것만 같다.

하지만 S는 서비스 이용자고 나는 제공자 아닌가. S가 말하면 나는 손발이 되어 움직여야 한다. 이렇게 스스로 다짐을 하면서도 남의 말 듣기 싫다고 저항하는 나의 몸은 이상한 행동을 한다. 과잉 청소. 내가 원래 청소하는 걸 좋아하는 편이긴 하지만 S한테 가서는 유난히 쓸고 닦고 결벽증 환자처럼 열심히 청소를 한다. 아침밥 챙겨 먹고 나면 가스레인지 주변, 싱크대 밑바닥을 박박 문질러 닦는다. 욕실에서 씻고 난 다음에도 욕실 바닥을 플라스틱 빗자루로 박박 문질러 씻는다. 그걸 왜 하냐고, 시간도 없는데 쓸데없는 청소를 왜 하냐고, 그건 오후나 저녁에 시간 넉넉한 활보가 와서 해줄 테니까 놔두고 지금 자기에게 꼭 필요한 다른 일을 해달라고 S는 소리소리를 지른다. 그러면 나는 밥 먹고 나서 주방 치우고 나오는 거, 욕실 사용하고 바닥 씻고 나오는 거, 그건 청소가 아니라 뒷정리라고 항변한다. 아니다, 그건 청소다. 아니다, 그건 뒷정리다. 이거 가지고 또 둘이 한참 싸운다.

S랑 같이 활동하면서 내가 얼마나 남의 말 듣기 싫어하는 신체인가를 알았다. S의 말에 따라 내가 S의 손발이 되어 움직이는 것. 이건 내가 다른 신체가 되는 변화이다. 오랫동안 한 번도 나 자신을 떠나 본 적이 없는 고집불통의 내 몸은 그 변화를 두려워한다. 어떻게든 S의 말을 안 듣고 피해 달아나려고 한다. 그게 청소든 뒷정리든…… 커피 타 달라고 하는데 가스레인지를 닦고 있는 것. 이건 분명 딴청이다. 니 말을 안 들을 수는 없는 상황이긴 한데, 어떻게든 정면에서 부딪치는 건 피해 보고 싶다는 가련한 저항!

― 아니, 그게 말이 돼?

아침부터 S는 격분을 터트린다. 어제 전철역의 공익요원과 싸웠단다. 리프트를 타는데 리프트를 움직이려면 운전 스위치를 잡고 앞으로 젖혀 줘야 하는데 손을 못 쓰는 S로서는 그게 안 된다. 이럴 경우 다른 역에서는 보통 운전 스위치에 고무줄을 묶어서 앞 판에 걸어 손을 쓰지 않고도 스위치가 젖혀지도록 한다. 그런데 이 역에는 그런 고무줄이 준비되어 있지 않다. S가 "여기, 고무줄 좀 걸어 주면 안 돼요?" 하니까 공익요원이 "그런 건 필요하신 분이 갖고 다니셔야죠"라고 했단다. 아니, 그게 말이 되냐고오⋯⋯! 리프트 운전 손으로 못하는 사람이 나뿐이 아닐 텐데 필요한 사람이 장비 준비해 다니라니, 그럴 거면 리프트는 뭣하러 설치해 놓은 거야?

분통을 터트리는 S 옆에서 "맞아, 말이 안 된다"라고 하면서 나는 지갑을 꿰맨다. 카드를 넣어 보관하는 비닐 지갑인데 카드 끼우는 비닐과 겉장 사이가 떨어졌다. 책으로 치자면 표지에서 속 페이지들이 떨어져나온 셈이다. 원래 명함 보관하는 지갑에 카드를 넣으니 무게를 감당하지 못한 모양이다. 나는 비닐 책장 한가운데를 펼쳐서 표지에 단단히 묶어서 박음질을 한다. 이게 도대체 얼마 만에 해보는 바느질이냐. 여고시절 해바라기 수를 놓은 조각보 만들던 때 이후 처음 실과 바늘을 꿰어 보는 것 같다. 바짓단 뜯어진 거 잠시 앉아 꿰맬 마음의 여유가 없어 몇 년째 그냥 입고 다녔더니 명절에 간만에 만난 엄마가 "야야, 바지 벗어라" 해서 꿰매 주시던 기억. 오랜만에 해보는 바느질에 감동해서 나는 S가 옆에서 분통 터트리는 소리를⋯⋯ 한 귀로 듣고 한 귀로 흘린다.

바람이 분다,
시집가고 싶다

내가 오후에 활보하는 제이를 소개하겠다. 제이는 뇌병변장애인이
다. 손발을 마음대로 움직이지 못한다. 혼자서는 일어서거나 걷지
못하고, 물건을 집거나 글씨를 쓰거나 밥을 먹지 못하므로 주로 옆
에서 누가 도와줘야 한다. 발음기관의 근육이 원활하지 않아 말하
는 것도 자유롭지 못하다. 처음 만난 사람은 제이가 하는 말을 잘 알
아듣지 못한다. 태어날 때부터 이렇게 몸이 불편하니 제이의 부모
님이 갓난아기를 안고 많이 울었다고 한다. 자라면서 언어 치료, 작
업 치료 등등 좋다는 치료는 다 받았다. 열 살 무렵에는 기도원에 가
서 일 년 남짓 엄마랑 같이 살면서 기도 치료까지 해봤는데…… 치
료의 효험인지 어느 날, 목사님이 안수기도를 해주시던 중에 제이
는 앉은 자리에서 벌떡 일어나 몇 걸음 앞으로 걸어가는 기적을 보
였다고 한다. 하지만 그건 그때 잠시뿐이고 제이는 다시 휠체어로
돌아와 생활해야 했지만 어릴 때와 비교하면 지금은 근육의 마비
증세가 많이 완화되었다고 한다. 어릴 땐…… 제이의 표현을 빌리

자면 손발이 거의 문어발처럼 움직였다고. 하지만 지금은 스스로 몸을 많이 가눌 수 있게 되었다고 한다.

제이는 열두 살 때 처음 학교에 갔다. 혼자서는 아무것도 할 수 없으니 학교 보낼 엄두를 못 내고 집에서 부모님이 글자도 가르치고 셈도 가르치고 하고 있었는데…… 어느 날 제이가…… "바람이 분다, 학교에 가고 싶다" 이렇게 일기를 쓰다 울면서 잠이 들었다고 한다. 제이는 글씨를 못 쓴다. 글은 익혔지만 손의 근육이 마비되어 손가락으로 연필을 쥐고 또박또박 노트에 글자를 쓰는 일이 불가능하다. 그런데 제이가 글을 썼다. 흔들리는 손가락 끝에서 흘러나온 희미한 글자들은 폭풍 속 나무들의 아우성 같았다. 선이 떨리고 이리저리 엉킨 이 글자들은 형태를 분명히 알아보기 힘들었겠지만…… 거기에 담긴 절박함이 부모님의 가슴을 폭풍처럼 흔들었다. 제이 부모님은 황급히 학교를 알아보았고, 재활교육을 하는 어떤 특수학교에 제이를 입학시켰다. 이곳에서 제이는 초등학교, 중·고등학교 과정을 마쳤다. 초등학교 때는 열 명 남짓 되는 아이들이 한 방에 사는 소아병동에서 생활했다. 중학생이 되면서 한 방에 네댓 명이 같이 생활하는 기숙사로 옮겼다. 주말에는 부모님이 데리러 와서 집에 다녀온다.

제이가 학교에 가고 싶다고 한 것은 친구를 만나고 싶은 간절한 바람이었을 것이다. 그러나 막상 학교에 들어가서 제이는 아이들과 쉽게 어울리지 못했다. 학교 들어가기 전과 다름 없이 혼자 지내는 때가 많았다. 수줍음이 많은 성격 때문이기도 하고, 학교에 늦게 들어간 탓에 동급생의 다른 아이들보다 나이가 많아 스스로 거리를 두었기 때문이기도 하다. 성적표의 가정 통신란에는 "조용하다, 얌전하다"는 말이 자주 적혀 있었다. 마음속에는 열정이 들끓었지만 어떻게 표현해야 할지 몰라 교실 한쪽에 조용히 앉아 창밖을 멍하게 내다보는 날이 많았다. 그러다 처음으로 좋아하는 친구가 생겼다. 아는 게 많고 자기 생각을 분명하게 말하는 똑똑한 친구. 자기를 표현하는 게 늘 자신이 없었던 제이로서는 존경심 반, 부러움 반으로 이 친구를 좋아하게 되었는데…… 말을 걸 용기가 나지 않았다.

이때 물리치료사 선생님이 "둘이 친하게 지내라"고 같이 불러다 말을 붙여 줘서 그 친구랑 친해지게 되었단다. 이렇게 처음으로 친구를 사귀게 되니 그 다음부터는 다른 아이들과도 잘 어울리게 되었다. 군것질하고 수다 떨고…… 기숙사에서 같이 사는 언니 동생들과도 친해졌다. 고1 때는 담임선생님…… 키 크고 잘 생기고 다정한 총각 선생님을 좋아해서 꽃도 선물하고 편지도 쓰고 했단다.

이렇게 학창시절을 보내다가 고등학교 졸업할 무렵, 주위에서 대학에 진학하라는 권유에도 불구하고 제이는 "난 대학 안 간다, 시집간다"라고 말했다. 친구들은 교사가 된다거나 화가가 된다거나 하는, 뭔가 특별한 꿈을 가지고, 그 꿈을 이루기 위해 대학에 가서 공부한다는데 제이는 암만 생각해도 자신에게는 특별한 꿈이 없다.

뭘 꼭 하고 싶은 게 없다. 다만, 제이가 바라는 것은 사랑하는 남자를 만나 알콩달콩 화목한 가정을 이루고 사는 것이다. 특별히 꿈이랄 것도 없는, 이 소박한 소망을 이루기 위해 대학에 꼭 가야 할 필요는 없다고 제이는 생각했다. 그런데 차암…… 그것이 결코 '소박한' 소망이 아닌 모양이다. 학교 졸업하고 근 십 년이 다 되어 가는데, "난 시집갈 거니까 대학 안 간다"고 큰소리 뻥뻥 쳤는데…… 천생배필을 만나기는커녕 동네 머슴애랑 연애 한 번 못해 보고 서른 살 생일을 맞이하게 될 줄이야!

— 세상은 눈에 보이는 것과 달라. 예를 들어 임창정 오빠를 사람들은 '까불이'라고 무시하지만, 그건 사람들한테 웃음을 주기 위해 오빠가 일부러 그러는 거야. 창정이 오빠가 무대에서 춤을 추다가 넘어졌어. 나 같으면 부끄러워서 일어나지 못했을 텐데 오빠는 금세 일어나 다시 춤을 췄어. 그 모습이 나에게 '제이야, 힘들어도 포기하면 안 된다'는 말을 하고 있는 거야.

제이는 어릴 때부터 시를 써 왔다. 누가 시킨 것도 아닌데 마음속에 하고 싶은 말이 떠오르면 자연스럽게 그것을 글로 쓰게 되었다고 한다. "바람이 분다, 학교에 가고 싶다" 이것은 어쩌면 제이가 처음 쓴 시인지도 모른다. 제이에게는 세상 모든 일들이 겉으로 보이는 것과는 다른 모습을 가지고 있고, 세상의 진실한 모습이 마음속에서 자연스럽게 우러나 시가 된다고 한다. 시를 쓰면 마음속에 답답한 것이 풀리면서 세상과 하나가 되는 것 같아 제이는 기분이 참 좋아진다고 한다.

서른 살 생일을 맞으면서 제이는 각오를 새로 했다. 이제는 그 냥 앉아서 기다려서는 안 되겠어! 짝이 나를 찾아오려고 해도 내가 어디에 있는지, 어떤 사람인지 알아야 찾아올 수 있어! 제이는 요즘 복지부에서 제공하는 복지 일자리를 나가고, 장애인 시설 조사 모 니터링 아르바이트도 하고, 인권강사 양성 아카데미에 가서 열심히 공부를 하고 있다. 그리고 무엇보다 시를 열심히 쓰고 있다. 시는 제 이에게 미지의 연인과의 대화인지 모른다. 손이 없어도 만질 수 있 고, 발이 없어도 그에게 다가가는 방법, 그것이 제이에게는 시인지 도 모른다.

―내일 모레, 내 생일이야.

―축하해!

―아빠가 생일선물 뭐 사 줄까 묻더라구.

―뭐 사 달라고 했어?

―이제 날씨도 더워지고 해서……

― ……?

―보신탕 사 달라구 했지!

물방울 다이아 파마

제이네 동네에 미용실이 새로 생겼다. 개업 기념으로 파마를 만구천 원에 해준단다. 제이는 올해 들어서 미용실에 한 번도 못 갔다. 파마 한 번 하면 요즘 보통 4~5만 원이다. 복지 일자리에서 나오는 월급 25만 원여에서 활보 자부담비(복지부에서 제공하고 있는 활동보조 서비스 급여 중 서비스 이용자가 부담하는 비용. 소득 수준에 따라 금액이 다르다), 청약저축, 교회 모임 회비 등등 해서 낼 거 다 내고 나면 한 달에 6~7만 원으로 생활해야 하는 제이로서는 미용실에 한 번 간다는 게 큰 맘 먹어야 하는 일이다. 평소 제이는 2만 원에 파마해 주는 '엄마 아는' 미용실을 가끔 이용하곤 했다. 그런데 최근 제이 어머니가 동네에 새로 생긴 미용실에 다녀와서 자랑을 하신다. "세상에나 만상에나, 그 집에 '물방울 다이아 파마'가 그렇게나 멋지단다!" 이 말을 듣고 제이도 거기 가서 물방울 다이아 파마가 하고 싶어서 엉덩이가 들썩들썩 한다.

물방울 다이아 파마라니! 그 파마를 하면 머릿결의 웨이브가 물방울처럼 함초롬히 출렁이고 다이아몬드처럼 빛난다는 것일까?

제이는 도대체 이 물방울 다이아 파마가 궁금해서 못 견디겠는 것이다. 하지만 시절은 바야흐로 월말. 쥐꼬리만 한 월급은 벌써 거의 다 썼고, 다음 달 월급이 나오려면 아직 한참 기다려야 한다. 보릿고개를 넘는 중에 한 가지 제이가 기다리는 수입이 있었으니…… 그것은 아르바이트 보수를 받는 것이다. 제이는 지난 한 달간 박물관, 미술관, 체육관, 은행 등등을 돌아다니면서 그곳에 장애인을 위한 편의시설이 잘 되어 있나 어떤가를 알아보는 시설 조사 아르바이트를 했다. 의뢰 받은 총 12건의 시설 조사 중에 11개는 끝냈고, 오늘 마지막으로 보험회사를 찾아가서 조사를 마치면 보수를 받을 수 있

다. 이게 건당 3만 원이다. 이 돈 받으면 반드시 물방울 다이아 파마를 하리라! 제이는 기대에 부풀어 있다.

　제이는 오늘 복장에 신경을 좀 썼다. 흰 바탕에 까만 줄무늬 원피스. 그 위에 얇은 카디건을 걸쳤다. 그리고 장식이 달린 까만 천 목걸이. 줄무늬가 경쾌한 느낌을 주면서도, 흰색과 까만색의 배합이 뭔가 격식을 갖춘 느낌이다. 원래 제이는 분홍색, 하늘색 같은 밝은 색의 화사한 스타일의 옷을 좋아한다. 그런데 오늘은 일하러 가느라 점잖게 보이려고 신경을 좀 쓴 것 같다. 오늘 우리의 외출은 지하철 정거장으로 치면 일곱 정거장. 비교적 가까운 거리다. 지하철 노선도를 검색해 보니 17분 걸린다고 나온다. 그래도 휠체어 타고 가자면 시간이 더 걸릴 거니까 우리는 일찌감치 집을 나섰다. 집에서 3호선 전철을 타고 가다가 충무로역에서 4호선 갈아타고 한 정거장만 더 가면 된다.

　충무로역의 환승 통로 계단은 70개다. 이곳에는 엘리베이터가 없다. 리프트를 타야 한다. 즐거운 곳에서는 날 오라 하여도…… 기계 연주음을 울리면서, 좌우에 에스컬레이터를 타고 오가는 사람들의 시선을 한 몸에 받으면서, 천천히 70개의 계단을 오르는 일에 우리는 이제 익숙해졌다. 그런데 충무로역에서 4호선으로 갈아타고 명동역에 내렸더니 명동역에도 엘리베이터가 없다. 리프트를 두 번이나 타고 계단을 올라가야 한다. 약간 짜증이 났지만 그래도…… 물방울 다이아, 물방울 다이아…… 오늘 일만 잘 마무리하면 물방울 다이아 파마를 할 수 있다.

지난주에 우리는 두 군데 보험회사를 찾아갔는데 휠체어를 탄 제이의 모습을 보고는 자세하게 설명도 해주지 않고 '가입 불가'라고 했다. 장애는 질병이 아니다. 특정한 신체 조건이다. 장애인이라고 해서 암에 더 잘 걸리는 게 아닌데 왜 보험 가입이 안 된다는 걸까. 의아했지만 보험회사 직원들은 모두 바빠서 우리하고 길게 얘기할 시간이 없었다. 오늘 가는 보험회사는 과연 어떨지…….

명동역에서 두 번 리프트를 타고 역사 바깥으로 나갔더니 우리가 찾아가야 하는 보험회사는 길 건너편에 있었다. 그런데 근처에 아무리 둘러봐도 횡단보도가 없다. 어떻게 길을 건너지? 사방을 두리번거리고 있는데…… 지나가던 어떤 청년이 여기로 조금 내려가면 지하상가가 있으니 거기를 통해서 길을 건너면 된다고 알려준다. 그런데 지하상가 계단은 어떻게 내려가지? 거기도 리프트가 있다고, 청년이 친절하게도 지하상가 관리실에 전화를 해서 리프트 좀 태워 달라고 말하면서 직원을 불러 준다. 감동! 어디를 가나 이렇게 주위를 배려하는 상냥한 사람들이 있다. 하지만 가끔 그 배려가 지나쳐서 불쾌해지는 경우도 있으니…….

오늘도 집을 나설 때 지하철역으로 막 들어서는 제이를 보고 어떤 할아버지가 손을 번쩍 들면서 "어, 어디가?"라고 하신다. 내가 제이를 쳐다보며 "아는 분이야?" 물으니까 제이는 고개를 가로젓는다. 모르는 사람이 처음 보는 제이를 애들 대하듯 말을 할 때 약간 당황스럽다. 또 "아이구, 예쁜데 어쩌다가……" 하면서 제이를 보고 혀를 차는 아주머니도 있다. 전동휠체어는 전기로 가는 거니까 뒤에서 밀 필요가 없다고 해도 기어코 제이의 휠체어를 다정하게 밀어 주시면서 말이다.

지하상가의 리프트는 명동의 전통을 말해 주듯 아주 오래된 것이었다. 보통 리프트의 안전 바는 앞뒤로 각각 하나씩, 모두 두 개가 있는데 여기는 앞뒤 전체가 하나로, 통으로 연결되어 있다. 그리고 밑에 휠체어가 올라타도록 되어 있는 철판도 좀 작다. 직원을 부르는 호출 버튼도, 버튼이 아니라 인터폰이다. 뭐랄까…… 스마트폰이 나온 시대에 옛날 구식 다이얼 돌리는 전화기를 사용하는 기분이랄까. 제이가 리프트 타고 계단을 내려오는 동안 나는 계단 아래 상가에서 파는 김밥을 한 줄 사와서 선 채로 먹는다. 아침에 급하게 나오느라 밥을 못 먹었는데 리프트를 몇 번이나 타는 동안 시간은 또 어느새 점심때가 가까워 오는 탓이다. 활보는 항상 배가 고프다. 제이는 그것을 이해하지 못한다.

— 이상하네. 전에 활보도 뭐 할 거 있으면 맨날 "먹고 하자"고 하더니, 언니도 똑같네?
— 그래, 이 손가락에 물 한 방울 안 묻히는 공주님아! 공주님은 휠체어 타고 다니니까 힘든 줄 모르지만, 머슴 활보 다리에는 수시로 밧데리를 충전해 줘야 한다네!

지하상가의 계단을 내려와서 또 올라가는 계단의 리프트로 바꾸어 타고 있는 제이의 입에도 김밥을 한 개 넣어 준다. 우리는 길거리 다니면서 뭘 잘 먹는다. 내가 항상 배가 고프므로. 그런데 앉아서 먹을 시간은 없고 해서 걸어다니면서 간단하게 김밥이니 떡이니 하는 걸로 끼니를 때우는 때가 많다. 이때 제이도 맛있게 냠냠 잘 먹으면서 나보고만 먹보 취급을 하다니! 물론, 내가 좀…… 많이 먹기는 한다. 식당에서 밥 먹을 때도…… 제이는 음식을 빨리 씹지 못하니까…… 제이 한 숟갈, 나 세 숟갈…… 이렇게 된다. 그러다 보면 어느새 내 밥그릇은 텅 비게 되고 "아이구 이거 많아서 다 먹겠냐" 하면서 제이 그릇의 밥까지 내가 더 먹게 된다. 그런데 오늘 김밥은 두 개를 먹고 나서 세 개째 먹으려는데…… 기분이 별로 안 좋다. 맛이 약간 간 것 같다. 벌써 초여름이라 음식이 금방 상하는 모양이다. 지하상가에서 파는 김밥이란 게 호일에 싸놓으니 어제 걸 팔아도 알 수가 없다. 이렇게 밖에서 아무거나 대충 먹으면서 끼니를 때우면 체력이 떨어지니 집에서 아침 꼭 챙겨먹고 도시락 챙겨서 나오자고 다짐은 하지만, 아침마다 허겁지겁 나오기 바빠서 그게 잘 안 된다.

지하상가를 통해 길을 건너서 우리는 마침내 목적지를 목전에 두게 되었다. 헥헥, 도대체 리프트를 몇 번이나 탄 거야! 환승하면서 한 번, 지하철 내려서 역 바깥으로 나오면서 두 번, 길 건너면서 두 번…… 리프트 타다가 멀미하겠네! 그래도 다행히 보험회사가 있는 건물은 길 건너 골목에 들어서자 바로 있었다. 그런데 출입구가…… 계단 두 칸을 올라가야 된다. 경사로가 없다. 계단 턱이 높지 않은 경우에는 휠체어를 뒤로 기울여 앞바퀴를 들어서 계단 턱을 올라설 수 있는데, 여기는 계단이 두 개인 데다가 계단 하나의 턱이 벽돌 두께만큼 높아서 휠체어를 기울여 올라가기가 힘들다. 어쩌지? 나는 건물 안으로 뛰어 들어가 관리인에게 어떡하면 되냐고 묻는다. 관리인은 출입구 왼쪽, 주차장을 통해 들어가는 쪽문을 알려준다. 거기는 문턱이 낮아서 휠체어를 기울여 건물 안으로 들어갈 수 있었다.

후유…… 겨우 다 왔네! 사무실은 거의 비어 있었다. 다들 출장을 나간 모양이다. 사무실을 지키는 설계사 한 분이 차를 내오며 상담을 해주었다. 지난주에 갔던 다른 보험회사들은 1급 중증장애인이라고 하니 아예 손을 내저었다. 여기는 그렇지는 않았다. 장애인이라고 해서 보험 가입을 거부하는 일은 없고 방문심사 후 가입 여부를 결정한다고 했다. 설계사는 제이의 생년월일, 주소, 한 달 수입등등을 묻더니 건강보험과 암보험 두 개 합해서 한 달에 5~7만 원정도 돈을 넣는 걸로 해서 보험 가입 신청을 해보겠다고 한다. 그런데 조건이 있다. 담당의사의 소견서를 제출할 것. 그리고 지금 제이의 수입이 불안정하니 부모님 명의로 가입 신청을 할 것. 그렇게 해도 가입이 꼭 되는 건 아니다. 신청을 해보겠지만 안 될 수도 있다고 한다.

우리가 확인해야 하는 것은 이 보험회사가 장애인에게 개방되어 있느냐 여부이다. 그런데 이게 참 애매하다. 본인 이름으로 가입을 할 수 없고, 의사 소견서까지 내야 한다면 이건 거의 안 된다는 말인데…… 그렇다고 그게 안 된다고 딱 잘라 말한 게 아니니…… 여기서 조사를 마칠 수도 없고, 끝까지 알아보려니 시간도 들고 돈도 든다. 아니, 왜 의사 소견서가 필요하다는 거야? 장애 판정이 지금의 신체 상황을 말해 주고 있는데! 제이는 씩씩거렸다. 게다가 우리의 관심사는 보험 가입이 아니다. 물방울 다이아…… 물방울 다이아…… 빨리 조사 끝내고 아르바이트비를 받는 것. 행사 기간 끝나기 전에 얼른 새로 생긴 미용실에 가서 그 신비의 물방울 다이아 파마를 해보는 것이다. 역시 돈 버는 일은 쉽지 않다. 앞의 11건의 시설 조사에는 별 어려움이 없었는데 마지막에 이렇게 발목이 잡힐 줄이야!

지도에 17분 걸린다는 거리를 한 시간 반이나 걸려서, 리프트를 다섯 번이나 타고 갔는데 일을 제대로 끝내지 못했으니 제이도 나도 기진맥진. 다시 배가 고프다. 하지만 점심 먹을 시간이 없다. 보험회사 시설 조사 하는 데 예상보다 시간이 많이 걸려서 다음 일정이 빠듯하다. 바쁘게 복지 일자리 일터로 가야 한다. 다시 충무로역의 70개의 계단을 리프트를 타고 가야 한다. 즐거운 곳에서는 날 오라 하여도…… 저기 까마득한 70개의 계단 아래에서 천천히 기계 연주음을 울리면서 올라오고 있는 리프트를 기다리면서…… 고개가 오른쪽으로 살짝 기울어져 언제나 꿈을 꾸는 표정의 제이가 눈을 가늘게 뜨고, 그리고 잔잔한 미소를 머금고 이렇게 중얼거린다.

—그게…… 물방울 다이아 파마 말이야…… 그거 하면 머리 묶으면 안 되고 풀고 다녀야겠지? 난 묶고 다니는 게 편한데…… 하지만 전부터 사람들이 파마머리를 왜 묶고 다니냐고 하더라구. 아, 내가 이마가 안 예쁘면 모르겠는데, 이마가 이렇게 예쁜데 왜 머리를 풀어서 가리고 다니냐구. 근데…… 물방울 다이아 파마는 웨이브가 멋지다니까…… 이마 좀 가려도 풀고 다녀야겠지?

카스텔라와
김치

매일 아침 8시에 S에게 간다. 똑똑. 방문을 열면 침대에 누워 있는 S가 눈을 반짝 뜨고 탁상시계를 쳐다보며 말한다. "언니, 3분 늦었어." 밤새 문을 닫아 놓은 방 안 공기가 답답하게 느껴진다. S가 "오줌!"이라고 소리친다. 척추측만증이 있는 S는…… 척추뼈가 방광을 눌러서인지 오줌이 자주 마렵다. 그런데 밤에는 활보가 없어 아침에 내가 올 때까지 7~8시간을 참고 있자니 오줌이 급한 것이다.

　나는 창문을 열어 방 안 공기를 바꾸고, 방문을 열고 나가 베란다 창문도 연다. 주방 싱크대 위에 쌓인 그릇들을 치운다. S가 "오줌!"이라고 한 번 더 소리친다. 나는 침대 주변을 본다. 침대 옆에 둔 휠체어 밧데리 코드를 뺀다. 침대 주변에는 컴퓨터 마우스, 헤드폰, 안경, 물건 산 영수증 등이 떨어져 있다. S는 밤에 음악을 듣고, 방송 수업도 듣고, 가계부도 쓰고 하다가 휠체어에서 침대로 몸을 옮겨 잠이 드는데…… 이때 영수증 같은 게 휙 날아가도 '아침에 언니 오면 줍겠지' 하면서 그냥 잔다. 바닥에 떨어진 안경을 주워 천천히 안

경알을 닦으면서 나는 아 참, 하면서 내 안경도 벗어 알을 닦는다.

　오줌을 누기 위해서는 S가 침대에서 일어나 화장실까지 가서 변기 위에 앉아야 한다. 나는 먼저, S의 등을 받쳐서 침대에서 일으켜 앉힌다. 그러면 S가 엉덩이 걸음으로 침대 옆에 있는 휠체어 쪽으로 몸을 움직인다. 휠체어 의자에 엉덩이를 살짝 걸치는 위치까지 가면 내가 S를 안아서 휠체어에 반듯하게 앉힌다. 그러면 S가 휠체어 운전을 해서 화장실까지 간다.

　휠체어에서 변기로 몸을 옮기기까지는 약간의 세부 과정이 있다. 가장 간단한 건 내가 안아서 한번에 들어 옮기는 거지만…… 내가 무슨 항우장사도 아니고 하루에 몇 번씩이나 사람을 번쩍 들었다 놨다 한단 말인가. S가 조금 더 움직이기로 한다. 휠체어를 변기 옆에 최대한 바짝 붙이고, 휠체어 좌석에 무릎으로 선다. 이때 내가 재빨리 S의 옷을 내린다. S가 무릎걸음으로 변기 쪽으로 몸을 움직인다. 한쪽 무릎을 변기 위에 얹는다. 이른바 양다리 걸치기! 한쪽 무릎은 휠체어에, 다른 쪽 무릎은 변기를 딛고 선 S를 내가 살짝 안아서 변기에 앉힌다. 그런데 오줌을 누고 난 다음이 문제다. 휠체어에서 무릎 서기는 쉬운데 변기 위에서는 그게 힘들다. 밑이 꺼져 있기 때문이다. 그렇다면…… 변기 옆에 선 내 몸이 지지대가 된다. S가 나를 붙잡고 한쪽 발로 잠시 몸을 지탱해 선다. 이때 나는 한 손으로는 S를 붙잡아 안고, 다른 한 손으로 재빨리 S의 옷을 올린다. 그리고 S를 안아서 붙잡은 채 휠체어 쪽으로 몸을 돌린다. 그러면 S가 휠체어 위에 몸을 던져 앉는다.

화장실에서 나와서 S는 "밥 줘!"라고 외친다. 이때 밥은 rice가 아니다. coffee다. S는 아침에 눈뜨자마자 커피를 꼭 한 잔씩 마신다. 하루 종일 휠체어에 앉아 있다 보면 머리가 띵해진다면서, 이때 커피를 마시면 정신이 들고 기운도 난다면서…… S는 하루에 보통 대여섯 잔씩 커피를 마신다. 이십 년 동안 이렇게 열심히 커피를 마셔왔으니 맥심 회사에서 S에게 상을 줘야 하지 않을까? 커피 둘, 설탕 하나, 프림 하나. 물은 잔의 1/5 정도 되게 조금만 붓고, 작은 빨대를 잔에 꽂아 두 무릎 사이에 잔을 끼워 주면…… S는 무릎으로 잔을 쥐고 커피를 마신다. 외출을 나가서도 커피를 마시고 싶은데 자판기 커피는 S에게 '간이 안 맞다'. 너무 달고 걸쭉하고 양도 많다. 그래서 S는 휠체어 뒤에 매달고 다니는 가방에 커피를 항상 넣어가지고 다닌다. 커피, 설탕, 프림을 작은 병에 담아서, 휴대용 커피 잔도 하나 갖고 다닌다.

이제 '진짜' 밥을 먹는다. 커다란 접시를 하나 꺼내서 여기에 반찬을 먹을 만큼 담는다. 뭐 먹을까? 냉장고 문을 열어 본다. 냉장고에 김치찌개 남은 게 있다. 아, 이거 데워 먹으면 되겠구나. 그리고 고구마순 들깨 무침. 이거 며칠 된 거 같은데…… 상하기 전에 빨리 먹어야겠네. 오이지, 멸치볶음을 더 꺼내서 접시에 담는다. 마지막으로 밥을 담는다. 냉동실에서 탁구공만 한 밥 한 덩이를 꺼내서 전자레인지에 넣고 돌린다. S의 밥은 소주잔 2/3컵 분량. 이거 먹고 어떻게 사냐? S는 활동량도 많은데 어떻게 이렇게 소식을 하면서 버티는지 신기하다. 2인분 정도의 쌀이 S의 일주일치 양식이다. 조그만 전기밥솥에 밥을 하면 소주잔에 2/3컵 분량으로 밥을 담는다. 그러면 15개 정도의 밥덩이가 나온다. 이걸 통에 담아 냉동실에 넣어 두었다가 끼니때마다 하나씩 꺼내 데워 먹는다. 전자레인지에 40초 정도 돌리면 금방 새로 한 밥 같은데…… 이게 금방 마르고 딱딱해진다. 그러니 접시에 반찬 다 담고, 국 데우고 나서, 먹기 바로 직전에 밥을 데워서 담아야 한다.

에구 이게 사람 밥이냐? 새 모이지……. 하지만 콩이니 현미니 몸에 좋다는 잡곡을 다 넣은 밥이고, 야채 과일을 신경 써서 먹기 때문에 영양 섭취는 충분한 것 같다. 그런데 사람이 꼭 체력 유지를 위해서만 밥을 먹나? 먹는 일 자체가 즐거운 것이다. 그런데 S는 먹는 걸 별로 즐기지 않는 것 같다. 그게 밥 한 끼 안 먹으면 죽는 줄 아는 나로서는 가장 이상한 점이다.

시설에 있을 때 S는 열흘 동안 단식 투쟁을 한 적도 있었다고 한다. 시설 공사 하면서 미관상 안 좋다고 방에 있던 냉장고를 바깥에 내놓아 버렸다. "냉장고를 돌려 달라! 물 한 모금 마시는데 복도 저쪽까지 가야 하나. 미관이 중요하냐. 원생들의 편의가 중요하냐!" 항의하면서…… 세상에나 만상에나 열흘 동안이나 굶었단다. S는 요즘도 바쁜 일 있으면 한두 끼 굶는 건 예사다. 그리고 S는 고기를 못 먹는다. 모르고 김밥에 들어가 있는 햄 한 조각만 먹어도 가려워

죽겠다고 벽에다 등을 긁는다.

대신, S는 김치 없으면 밥을 못 먹는다. 밥만 못 먹는 게 아니라 빵도 못 먹는다. 카스텔라 먹을 때도 김치 얹어서 먹는다. 아하하, 카스텔라와 김치라니! 열흘 동안의 단식 투쟁도 불사했던 S가 만약 일제시대 때 살았다면 가열찬 독립투사가 되었을 것이다. 그런데 일제의 고문 끝에 만약 S가 투항을 해야 했다면 그것은 반드시 김치 때문일 것이다. "너, 그럼 김치 안 준다"라고 하면 아마 S는 동지고 조국이고 모조리 팔아넘겼을 것이다!

밥 먹고 나서 욕실에 가서 세수를 한다. 洗手. 손을 씻는다는 뜻이다. 발을 손으로 쓰는 S는 발을 씻는다. 물론, 얼굴을 먼저 씻는다. 그리고 발을 씻는다. S의 발톱에 보라색 매니큐어가 칠해져 있다. 오후 활보가 발라 줬다고 한다. S에게는 나 말고도 두 명의 활보가 더 있다. 오후 활보와 저녁 활보. S는 하루에 열두 시간 정도 활보와 함께 있다. 자는 시간 빼고는 거의 하루 종일 다른 사람하고 같이 있어야 하는 게 피곤하지 않을까? 사생활이 없는 생활이 숨 막히지 않을까? 손을 못 쓰니까 몰래 나쁜 짓도 못한다. 안팎이 따로 없는 S의 생활이 신기하다.

나는 사람의 발을 유심히 본 적이 없다. 내 발도 어떻게 생겼는지 잘 모른다. 그런데 컴퓨터 앞에 앉아 한쪽 발로 마우스를 쥐고 한쪽 발로 톡, 톡 자판을 두드리는 S의 발을 보면서 나는 발에도 표정이 있단 걸 알았다. 마우스를 감싸 쥐고 꼼지락 꼼지락 발가락을 움직여 화면을 넘기고 클릭을 하고 있는 S의 발은…… 무언가 골똘하게 생각에 잠긴 사람의 표정이다.

S의 발은 많은 사연을 간직하고 있다. 지난 스승의 날, S는 학교 선생님들께 감사의 선물을 준비했다. 정성껏 포장을 하고, 종이로 꽃도 만들어 붙이고 해서 선물을 전해 드렸는데 교수님 중에 한 분이 "아이구 고맙네" 하면서 S한테 손을 내밀면서 악수를 청하더란다. S는 자기도 모르게 장난꾸러기 같은 발가락을 꼼지락 꼼지락 하면서 손 대신 발을 내밀었다고 한다. S는 발가락으로 종이학도 접어서 자원봉사 오신 분께 선물을 했다고 한다. 그런데 '발이 손인' 상황 때문에 가끔 오해가 발생하기도 하는데…… 옆에 있는 사람에게 다정하게 귤을 까서 입에 넣어 준다는 게…… 귤을 손으로 집어서 주는 게 아니라 발가락으로 집어서 주니까…… 갑자기 눈앞에 삼지창 같은 포크를 앞세운 발바닥이 느닷없이 들이닥치니 순간적으로 생명의 위협을 느끼고 사람들이 기겁을 하고 달아난다.

씻고 나왔으니 이제 옷을 입을 차례. 오늘 S는 오전에 교회 가서 성경공부 하고, 오후에는 국립재활원에 가서 물리치료 받고, 저녁에는 학교에 수업을 들으러 갔다 와야 한다. 무슨 옷을 입고 나갈까?

S는 기초생활수급비와 장애연금 합해서 한 달에 60~70만 원으로 생활한다. 그 중에 50만 원 넘게 저축을 한다. 지금은 장애인 자립생활센터에서 운영하는 체험홈에서 살고 있으므로 주거비가 따로 안 들지만 이제 곧 자립을 하려면 방을 얻어야 하기 때문이다. 한

달에 15만 원 남짓 되는 돈으로 생활을 하는 형편인데 S의 옷장 문을 열면 이건 무슨 연예인 옷장 같다. 옷걸이에 철마다 다양한 옷들이 걸려 있고, 옷장 문 안쪽에는 온갖 종류의 머리핀, 벨트, 장식들이 진열되어 있다. 얼마 안 되는 생활비로 어떻게 이런 생활이 가능한지 모르겠다. 얻어 쓰는 건 항상 나다. 쌀이 떨어졌어…… 하면 S가 라면을 두 개 준다. 설날 선물이라며 칫솔도 두 개 줬다. 활보 결제 시간을 1시간이라도 더 채워 주기 위해 일 끝나고 전철역까지 따라온 적도 있다. 그리고 "지하철 같이 타 줄까?"라고 한다. S에게는 장애인용 무임 교통카드가 있어 동행하면 나도 공짜로 지하철을 탈 수 있기 때문이다.

—언니 이 옷 어때?

　S는 오늘 새로 산 원피스를 입고 나가기로 한다. 집시 스타일의 나폴거리는 치마다. 소매 없는 옷이라 좀 야하지 않을까? 아냐, 어깨 장식이 맨살 드러난 걸 덮어 주니까 괜찮아. S는 발랄한 스타일의 옷을 좋아한다. 어릴 때 집에서, 또 시설에서 살 때 입고 벗기 편하라고 맨날 우중충한 색깔의 고무줄 바지만 입으라고 해서 S는 항상 예쁜 옷 마음껏 입어 보는 게 소원이었다고 한다. 시설에서 나온 요즘은 비싼 옷은 못 사도 행사 상품으로 나오는 싸고 예쁜 옷을 골라 입는다. 혹은 '아름다운 가게'에서 재활용 옷들을 열심히 뒤진다. 머리도 길러서 외출 성격에 따라 핀을 다르게 꽂고 나간다.

　S는 몸이 오른쪽으로 약간 비틀어져 있다. 오른팔은 밑으로, 왼팔은 위로 뻗은 채 근육이 굳어 있기 때문에 옷을 입기가 까다롭다. 손의 근육이 누가 옆에서 건드리면 더 경직되기 때문에 아무 얘기나 막 해서, 시끄럽게 떠들어서 손을 의식하지 않도록 한다. 정신이 딴 데 팔려서 순간 긴장이 풀어진 손을 잽싸게 옷의 소매에 끼운다. 오른팔을 먼저 끼고, 머리통을 옷 속에 집어넣어서 빼고, 그리고 왼팔을 소매에서 뺀다. 목이 좁은 옷의 경우, 어느 게 소매고 어느 게 목둘레인지 헷갈려서 한참 낑낑거리며 옷을 입었는데…… 입고 보니 소매에 목을 넣은 거라서 "이 산이 아닌개벼" 하면서 황급히 머리통을 옷에서 다시 뺀 적도 있다. 이렇게 머리통과 두 팔을 끼우면,

그 다음에는 휠체어에 앉은 자리에서 엉덩이를 살짝 들어서 치마를 다리 쪽으로 끌어내린다. 그리고 치마 안에 레깅스를 신는다.

레깅스 혹은 쫄바지를 치마 안에 꼭 입어야 한다. 예쁜 치마를 입은 얌전한 아가씨로 보이지만 S는 언제 괴물로 돌변할지 모른다. 치마를 입은 채로 S는 불시에 다리를 번쩍 쳐들어 엘리베이터 단추를 누른다. 말하다가도 흥분하면 자기도 모르게 두 다리를 번쩍 쳐들고 "그기 아이고예" 발로 자기 가슴을 땅땅 두들긴다. 이때 훌러덩 치마가 뒤집히는 사태를 대비해서 겉옷을 속옷처럼 갖추어 입어야 하는 것이다.

옷 다 입고, 머리 빗고, 발목에 집 열쇠 걸고, 휠체어의 안전벨트를 매면 외출 준비 끝이다. 이로써 두 시간여의 아침 활보가 마무리가 된다. 오늘 세 군데나 다녀오려면 바쁘겠어. 안전 제일! 운전 조심하고 내일 보자. 내가 이렇게 인사를 한다. 그러면 자칭 '베스트 드라이버' S는 안녕 내일 봐…… 하면서 나보다 먼저 현관문을 나가서 씽 하고 휠체어를 몰고 전철역을 향해 달린다. 휠체어 뒤로 치맛자락 휘날리며 표표히 사라지면서 S는 이렇게 외친다.

──이 원피스 육천구백 원 주고 샀다는 거 누가 믿겠어? 이상하게 내가 입으면 싸구려 옷도 태가 난다고 사람들이 그러더라고요……

싸우는
활동

S랑 내가 같이하는 활동 중에 가장 주된 활동은 '싸우는 활동'인 것 같다. 오늘도 싸웠다. 화장실에 똥을 누러 들어갔는데 변기 옆에 세워 둔 휠체어 등받이에 머리빗이 삐죽 꽂혀 있다. 어제 저녁 활보가 머리 빗고 제자리에 갖다 두는 걸 깜빡 잊은 모양이다. 이게 왜 여기 있지? 변기에 앉아 있던 S를 휠체어로 안아 옮기면서 나는 팔에 걸리적거리는 머리빗을 휠체어에서 빼서 방 안으로 던졌다.

　　—물건을 왜 집어던져?
　　—걸리적거리니까.
　　—내 물건을 집어던지는 건 나를 집어던지는 것과 같아.
　　—그럼 똥 닦다 말고, 아이구 빗님 저리 납시지요, 하면서 고이 모셔야 돼?
　　—그 빗이 언니한테 뭐라 그랬다고, 그걸 꼭 지금 치워야 돼?

이렇게 말다툼이 한번 시작되면 옛날 고릿적 불만까지 다 튀어
나온다.

―작년 여름에 언니가, 시키지도 않은 청소하느라 약속 시간 한 시간
반이나 늦었거든?
―설마 내가 청소를 한 시간 반 동안이나 했겠어? 같이하다 일이 그
렇게 된 걸 왜 내 잘못으로 뒤집어씌워? 그리고, 내가 시키는 일만 하
는 사람이냐?
―당연하지! 활보하는 동안 언니는 내 손이고 내 발이거든?
―제멋대로 부려먹으려고만 하면 자기 손발도 말을 안 듣거든?

이러다 보면 활보 끝날 시간이 다 돼서, 아직 둘 다 분이 덜 풀려 씩씩거리는 채로 인사도 못하고 헤어지는 날이 많다.

일 년 가까이 우리는 매일 아침 만났다. 비가 오나 눈이 오나 크리스마스 날 아침이나 설날 아침에도. 명절날이라고 해서 오줌이 안 마려운 것은 아니기 때문이다. 아침에 눈뜨자마자 허겁지겁 달려가다 보니 양말을 짝짝이로 신거나 셔츠를 뒤집어 입고 가는 날도 있다. 나는 지금까지 누군가와 이렇게 가까이에서 몸 섞으며 산 적이 없다. 언제나 적당히 거리를 두면서, 예의와 격식 뒤에서 만났을 뿐이다. 그런데 S는 벌거숭이 알몸으로 내 삶에 뛰어들었다. S를 처음 만났을 때의 충격을 기억한다. S가 처음 보는 내 앞에서 "오줌!" 하면서, 대뜸 엉덩이를 홀렁 까서 내밀었을 때, 나는 눈앞의 어떤 휘장 같은 것이 확 걷히는 느낌이었다. 혹은, 화장실에서 옷을 올리기 위해 내가 잠시 S를 안아 버티면서 한 손으로 S의 몸을 붙잡고, 다른 한 손으로는 금방 고꾸라질 것 같은 S의 무릎이 꺾이기 전에 재빨리 옷을 올리려고 낑낑거리는 순간, 진땀 나는 내 어깨 위에 얼굴을 걸치고 거기에 온몸의 무게를 실은 S를 통해 지그시 전해지는 운명의 무게 같은 것.

오늘은 병원에 물리치료 받으러 가는 날이다. S는 뇌병변장애에다 척추측만증까지 있어 온몸의 뼈와 근육이 아프다. 특히 척추뼈에 눌려 골반뼈가 아프다. 골반에서 다리까지의 근육이 항상 땅긴다. 병원에서는 수술을 하라고 한다. 하지만 수술을 하려면 돈도 많이 들고, 체력도 있어야 한다. 무엇보다 옆에서 마음을 다해 돌봐 줄 사람이 필요하다. 가난하고, 몸도 약하고, 가족도 없는 S로서는 엄두가 안 난다. 게다가 수술을 해도 척추뼈 휜 걸 근본적으로 어떻게 할 수는 없는 노릇이다. 다만 상태의 악화를 막을 수 있을 뿐이라니…… S는 수술을 받는 대신 매일 물리치료를 받는 것으로 자기 몸을 돌보기로 했다. 지금까지 근 10년 동안 S는 하루도 빠지지 않고 열심히 물리치료를 받아왔다.

병원은 동네에 있어서 지하철 안 타고 걸어가면 된다. S의 휠체어 속도로는 10분, 내 걸음으로는 15분쯤 걸린다. 이 10분과 15분 차이가 문제다. 성질 급한 S가 내 걸음에 맞추어 휠체어를 천천히 운전할 리가 없지 않은가. 우리가 같이 가려면 내가 휠체어 뒤에서 뛰어야 한다. 게다가 S는 인도로 안 다니고 차도로 다닌다. 인도에는 사람들이 많아서 휠체어를 빨리 몰고 갈 수가 없고, 길바닥에 깔린 보도블럭 울퉁불퉁한 것 때문에 휠체어가 흔들리면 안 그래도 아픈 골반뼈가 더욱 쑤시는 것이다.

그런데 S는 휠체어에 부딪쳐 '사람들 다칠까 봐' 인도로 안 다니고 차도로 다닌다고 한다. 자기를 위해서가 아니라 다른 사람들을 위해서! 그러면 나는, 차도로 다니다 휠체어가 차에 부딪치는 건 괜찮고? 제발 남 걱정 하지 말고 자기 걱정이나 하라고 한다. 실제로 S는 사고를 당한 적이 있다. 멈춰 있는 줄 알았던 차가 갑자기 움직이는 바람에 휠체어 뒷바퀴가 완전히 날아갔다. 다행히 사람이 다

치진 않았지만⋯⋯ 차들 사이로 요리조리 쌩쌩 휠체어를 몰고 다니는 S를 보면 간이 다 졸아드는 것 같다. 그런데 그 휠체어 뒤에 내가 매달려 가야 하다니! 고요한 아침에 도심 한복판의 도로를 휠체어와 함께 달리는 활보! 게다가 그 휠체어는 방수 비닐을 둘둘 말아 이고 다니는, 우스꽝스런 서커스단 이동마차 같음에랴!

— 헉헉, 여기는 인간의 길이 아니여, 짐승의 길이여!
— 좋잖아? 돈 안 들고, 운동하고!

하긴, 그리고 보니 휠체어 붙잡고 도로를 달리는 내 모습이 어찌 보면 헬스클럽의 러닝머신 위를 달리는 고독한 러너 같기도 하다. 으흑흑!

물리치료는 전기열로 통증 부위의 조직을 이완시키고 통증을 완화시키는 치료이다. 골반과 무릎 부위에 텐스를 붙이고 한 20분쯤 있다가, 젤 같은 걸 통증 부위에 바르고 초음파 봉을 문지르는 치료를 또 받는다. 이 치료를 받는 동안 나는 잠시 자유의 몸이 된다. 우는 애 누가 받아 준 기분이랄까? S가 전기열 치료를 받으면서 물리치료사 선생님과 이야기를 나누는 동안 잠깐 나에게 주어진 자유 시간을 어떻게 보내야 할지 몰라서 나는 허둥거린다. 가방에서 재빨리 아무 책이나 꺼낸다. 그리고 조그맣게 소리 내어 읽는다. 뜻을 생각할 새도 없이 흰 것은 종이요, 검은 것은 글씨라 하면서 무조건

읽는다. 이러면 아무도 나를 건드리지 못하겠지?

하지만…… 해방의 기쁨도 잠시. 물리치료를 받고 있던 S가 나를 부른다.

—언니, 껌 줘.

—갑자기 웬 껌?

—커피 마시고 싶은데…… 달라고 하면 언니 화낼 거잖아…….

궁상,
궁상

운동화가 해졌다. 가죽에 주름이 쪼글쪼글하고, 뒤꿈치가 하늘하늘 해졌다. 현관문 앞에 벗어 놓은 내 신발을 보고 S가 "언니, 신발 새로 사야겠네? 내가 하나 사다 줄까?"라고 한다. 며칠 전 심하게 싸운 것에 대한 화해의 제스처라고나 할까? 나는 아직도 겨울 이불을 덮고 자는 S에게 집에서 안 쓰는 여름 이불을 갖다 줬다. S도 뭔가를 해야 한다고 생각한 모양이다.

그래, 사다 주면 좋지. 돈은 내가 줄게. 난 도통 시간이 없어서…… 이렇게 대꾸하지만, 사실은 귀찮아서이다. 시장에 가서 물건을 고르고, 사고 하는 게 나는 너무 피곤하다. 그래서 신발 하나 사면 그냥, 떨어질 때까지 신는다. 그런데 S는 부지런하다. 필요한 물건이 있으면 세상을 다 뒤져서라도 꼭 찾아내고야 만다. 이때 중요한 원칙 하나, 비싸면 안 된다! (기초생활) 수급자가 무슨 돈이 있다고. 원칙 둘, 그리고 단돈 십 원이라도 반드시 깎아야 한다! 에누리 없는 장사가 어디 있냐고요.

언니 신발 사 왔어. 신어 봐. 하면서 S가 내놓는 신발은 한 켤레
가 아니고 세 켤레다. 샌들 한 켤레, 하얀 운동화, 밤색 운동화……
이렇게 세 켤레에 만 원 주고 샀단다.

─교회 가는 길 지하철역 안에 상가 있잖아. 거기 신발가게에서 샀
어. 전부터 그 가게 오가면서 보니까 신발이 괜찮더라구. 그래서 얼마
냐고 물었더니 한 켤레 만 원이래. 근데 내가 가만 보니까…… 그 가
게가 얼마 전까지 액세서리 가게였거든. 그런데 망했어. 망하면서 머리
핀 귀걸이 같은 걸 거저 주다시피 해서 팔더라구. 그래 내가 가만 생각
해 보니까…… 이 신발가게도 망할 때 되면 신발 싸게 팔겠지 싶은 거
야. 그래서 안 사고 기다렸는데……. 어제 교회 갈 때 보니까 '폐점정
리'한다고 써 붙여 놨지 뭐야. 전에 한 켤레 만 원 하던 걸 세 켤레 만
원에 가져 가래. 옳다구나, 이게 웬 횡재냐 싶어 얼른 골라 왔지. 교회
갔다가 돌아오는 길에 살까 하다가 그새 누가 내가 찜해 놓은 신발 가
져가면 어쩌나 싶어서 신발 먼저 사고 교회 다녀왔지.

으이그…… 가게 망할 때까지 기다렸다가 헐값에 물건 사가는
고약한 손님이라니! 어쨌건 그 덕에 내겐 갑자기 예쁜 신발이 세 켤
레나 새로 생겼다. 하얀 운동화는 요즘 신으면 되겠고, 발목까지 올
라오는 밤색 운동화는 가을에 신으면 되겠다. 샌들이 특히 예쁘다.
주황색 발판 위에 하얀색 끈이 두 줄 발등에서 엇갈리도록 되어 있

는데, 하얀색 끈 위에 반짝반짝 은빛 장식이 수놓여 있다. 밝고 시원한 느낌이다. 나는 당장 해진 운동화를 벗고 이 샌들을 신고 제이한테 간다. S와 함께하는 아침 활보 마치고 작업장에 출근하는 제이의 외출 보조를 하러 가는 것이다.

"언니, 그거 뭐야?" 내 손에 든 비닐을 보고, 만나자마자 제이가 묻는다. "응 이거 신발……" 하면서 나는 새로 산 신발들을 보여 준다. 그러니까 제이가 "아유, 나도 샌들이 다 떨어져서 새로 하나 사야지 하고 있었는데……"라고 한다.

S가 사 온 샌들을 제이에게 신겨 본다. 내가 신었을 땐 울퉁불퉁 심통 난 팥쥐 얼굴 같던 샌들이 볼이 좁고 갸름한 제이가 신으니까 시집가는 콩쥐 얼굴처럼 곱다. 이 샌들이 나한테는 한 문수 작았는데 제이한테는 딱 맞다. 폐점 정리하는 가게에서 사다 보니 내 발 사이즈는 다 나가고 한 문수 작은 것밖에 없어서 S가 그걸 사 온 것이다. 조금 조여도 신고 다닐 수야 있겠지만…… 하루 종일 걸어 다녀야 하는 활보에게는 약간 무리가 되는 신발이었는데…… 주인이 따로 있었나 보다. 우와! 완전 예쁜데? 내가 좋아하는 주황색에 반짝이 장식까지! 제이는 감탄한다. 정말, 제이가 신으니까 신발이 산다. 제이도 빛나고 신발도 빛난다.

뭐야 이건……. 강도가 따로 없구만! 난 샌들을 제이 신으라고 준다. 조금 아깝긴 하지만…… 뭐, 난 운동화 두 켤레가 더 있으니까…… 흑흑!

S가 사온 신발을 제이가 신다니! 이 사실이 신기하다. 신발을 매개로 두 사람이 친구가 된 것 같다. S와 제이는 서로 모르는 사이인데 말이다. 실제로, 내가 하도 얘기를 자주 하니까…… 제이한테 가서는 S 얘기를 하고, S한테 가서는 제이 얘기를 하니까…… 두 사람이 모르는 사이면서 친하다. 특히 제이는 "아침에 언니는 뭐 먹었어?" 하면서 꼭 S의 안부를 묻는다. 그래서 아침에 있었던 일을 얘기해 주면 배를 잡고 웃는다. 그리고 "언니는 정말 대단해!" 하면서 S에게 감탄한다. 총명하고, 배짱 두둑하고, 유머 넘치는 S가 제이에게는 놀랍고 존경스럽다. 열 살 때 집을 나와서(가족들이 S를 시설에 보내서), 30년 동안 시설에서 살면서 독학으로 중·고등학교 과정을 마치고(검정고시), 시설에서 나와 대학 공부를 하고 있는 S는 제이가

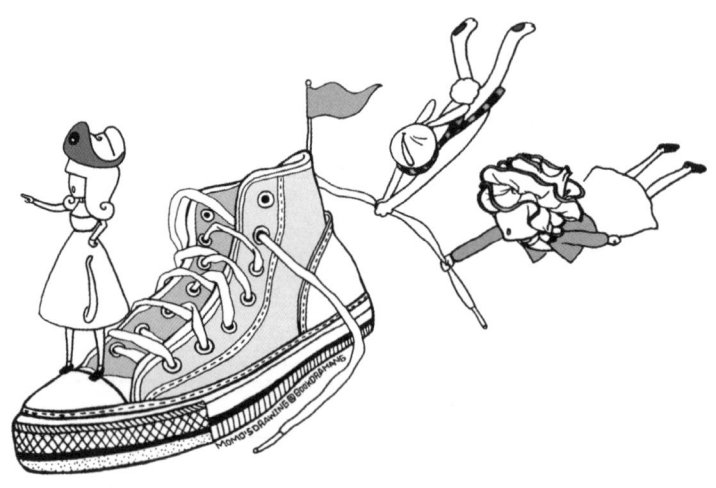

보기에 영웅적인 '자기 삶의 개척자'이다. 이런 S에 비하면 아직 부모님 품에서 벗어나지 못한 제이는 철없는 어린애라고 할 수 있다. S는 부모님 밑에서 호강(?)하는 제이를 부러워하고, 제이는 투지로 역경을 헤쳐 온 S를 존경한다.

S와 제이와 나. 우리 중에서 가장 마음씨가 착한 사람은 제이다. 제이는 늘 양보한다. 지하철역 엘리베이터를 타려고 하는데 먼저 탄 여고생이 비명을 지른다. 나가! 타지 마! 그 여학생의 눈에는 휠체어를 탄 제이가 괴물처럼 보였던 모양이다. 나는 화가 나서 "왜 그래? 같이 타야지!" 하면서 엘리베이터 열림 버튼을 누르는데, 제이는 "먼저 가라고 해"라고 하면서 다음 차례를 기다린다. S는 절대 그러지 않는다. "멀쩡한 애가 왜 엘리베이터 타고 다녀? 운동 따로 하지 말고 계단으로 걸어다녀!" S라면 분명히 이렇게 말했을 것이다. 특유의 우렁찬 목소리로.

우리 중에서 가장 능력자는 S다. 활보 세 명을 먹여 살린다. 아침 활보, 오후 활보, 저녁 활보. 세 명의 활보 중에서 가장 가난한 나에게 수시로 먹을 것, 입을 것을 챙겨 준다. 그러면 나는 그것을 받아서 제이랑 나눠 쓴다. 우리 중 수급자인 S가 가장 부자인 셈. S에게 얻어 쓰는 나는 수급자의 수급자, 내 걸 나눠 쓰는 제이는 수급자의 수급자의 수급자(헥헥)인 셈이다. S는 드러내놓고 "나 거지요 한 푼 줍쇼!"라고 하는데, 제이와 나는 그 S에게 "재벌 거지님, 한 푼 줍쇼" 하면서 얌전하게 손을 내민다.

─언니 이 옷 어때?

S는 오늘 아침, 또 새로 산 원피스 자랑을 한다. 옷을 또 사? 지난번에 원피스 하나 샀잖아. 수급자가 무슨 돈이 있다고 맨날 옷을 사? 그러면 S가 꼭 하는 말이 있다. 언니, 이거 얼마 게? 물론, 만 원이하겠지. 이렇게 예쁜 옷을, 이렇게 싼 값에, 그런데 이걸 내가 입으면 사람들이 고급 메이커 옷인 줄 안다. 이게 S의 단골 레파토리다. 하늘색과 파란색이 섞인 물결무늬 원피스 시원해 보인다. 사이즈도 S한테 딱 맞고, 만져 보니까 천도 좋다. 부드러우면서도 힘이 있고, 구김이 잘 안 가 빨아 입기 편하다. 실용적이면서도 품위가 있어 보인다. 차암…… 재주도 좋아요. 그래, 이거 얼마 주고 샀는데? 물어보니, 오천 원이라고 한다. 오천 원? 정말…… 재주도 좋아요.

─우리 동네 들어오는 길 슈퍼 맞은편에 작은 옷가게 있잖아. 그 가게 문 닫는다고 옷을 막 가져 가래. 이 원피스도 원래는 몇 만 원씩 하는 건데 팔천 원에 가져 가래. 그래서 내가 막 떼를 썼지. 오천 원밖에 없어요. 오천 원에 줘요……. 처음에는 안 된다고 하다가 내가 하두 떼를 쓰니까 주인이 그럼 나중에 삼천 원 갖다 달라고 하면서 오천 원에 주더라?

맙소사! 또 망하는 집에 가서 물건을 빼온 것이다! 아이구 무시라…… 호랑이 다음으로 이제 가게 주인들은 S를 겁내지 않을까? S 가 떴다 하면 곧 가게가 망하니 말이다. 활보 끝나고 골목 나가면서 보니까 가련한 그 옷가게는 정말 문을 닫았다. 텅 빈 내부가 훤히 들여다 보이는 유리문에 주인이 직접 손으로 쓴 글씨로 이런 메모가 붙어 있다.

— 이 거리에서 십 년 동안 즐겁게 살았습니다. 이사 갑니다. 어디로 가든 즐겁게 살겠습니다!

드레스의
꿈

그동안 제이의 외출은 행선지가 분명했다. 어디에 뭘 하러 가는지가 뚜렷했다. 그런데 여름이 되면서 공부 모임이 방학을 하는 바람에 제이는 갑자기 생긴 자유시간을 어떻게 보내야 할지 막막해졌다. 그래서 여행작가 양성 과정이나 사진 강좌니 하는…… 구청이나 복지관에서 진행하는 몇 가지 프로그램을 알아보았으나 일하는 시간과 겹쳐서 신청하지 못했다. 고민 고민…… 이번 여름을 어떻게 보낼 것인가 고민하다가…… 뭐 꼭 정해진 프로그램 따라갈 필요 있어? 내가 하고 싶은 걸 하면 되지! 그래서 올여름 제이가 해보기로 마음을 먹은 활동은 '방황'이다.

거기에 왜 가? 몰라, 그냥 한번 가 보고 싶어서. 거기 가서 뭐해? 몰라, 가서 마음 내키는 대로 하고 싶은 걸 해. 이러면서 그저 길을 나서 보는 거. 제이는 그런 걸 지금까지 한 번도 못해 봤다. 왜냐하면 제이가 한번 움직이려면 주변의 여러 조건들이 같이 따라 줘야 하는데 목적과 의미가 분명하지 않은 일로 주위를 번거롭게 할 수는 없기 때문이다. 제이가 한번 외출을 하려면 아침에 엄마가 평소보다 일찍 일어나서 제이의 옷을 입혀 줘야 한다. 아버지가 밥을 챙겨 줘야 한다. 활보가 와서 이동을 도와줘야 한다. 전철역의 리프트가 운행되어야 한다. 이 리프트 운행을 위해 공익요원이 달려와야 한다. 그런데 "어디 가세요?" 할 때 "몰라요. 그냥 나가 보는 거예요"라고 답하기는…… 눈치가 좀 보이는 것이다. 혼자서는 집 밖에 나갈 엄두를 못 내 본 제이로서는 백화점이나 대형할인매장을 둘러보면서 아이쇼핑을 하는 것 말고 다른 방황을 별로 못해 봤다. 막연하게 품고 있던 기대나 환상을 직접 가서 겪어 보는 것. 그래, 올여름엔 그걸 해보자! 제이는 이렇게 마음을 먹은 것이다. 그 첫번째 시도로 우리는 이태원에 갔다.

이태원에 가면 볼거리가 많다고 해. 제이가 이렇게 말해서 길을 나서긴 했지만…… 나는 짜증이 났다. 이태원에 가 봐야 별 거 없다. 내가 얼마 전까지 그 동네 살아 봐서 안다. 거긴 그저 미군부대 근처 유흥가가 아닌가. 미국의 하위 소비문화. 돈이라도 많으면 한바탕 돈 쓰고 놀고 온다지만 제이와 나는 '수급자의 수급자' 처지가 아닌가. 게다가 나는 아침 활보 마치고 바로 달려오느라 점심도 못 먹었다. 배는 고프고, 날은 덥고, 다른 할 일이 태산같이 밀렸는데 땡볕에 무작정 걸어다니자니 나는 죽을 지경이다. 아유 목말라. 여름엔 물을 얼려서 가지고 다녀야겠어…… 하면서 쳐다보니 제이는 전혀 동요가 없다. 햇볕이 따가울 텐데 눈살 하나 찌푸리지 않고 거리 구경에 여념이 없다.

— 여기 오니까 외국에 온 것 같아. 지하철역에도 안내문이 영어로 되어 있네. 어머 저 흑인 여자 좀 봐. 붉은 드레스에 금박 무늬. 탄자니아의 여왕 같다. 여왕이 유모차에 아기를 태우고 가네? 세상에…… 아기도 까맣다. 너무 귀여워. 아하하 길거리에 파는 이 커다란 팬티에 만 원짜리가 그려져 있네? 이 모자 좀 봐. 노란색 가죽바지, 이렇게 짧은 걸 누가 입지? 와 이건 유러피언 스타일의 가방이래. 멋지지? 바이올린을 켜는 피에로 옆에서 사진 한 장 찍어 줘…….

이러면서 이태원 거리를 걸어다니다가 제이가 완전히 열광한 한 가게가 있었으니…… 그것은 '드레스' 가게였다. 반짝이 드레스, 벨벳 드레스, 하늘하늘 레이스가 달린 드레스 등등 온갖 종류의 드레스를 입은 마네킹들이 가게 안을 가득 채운 것은 물론이고 가게 입구와 거리에까지 쏟아져 나와 있었다. 드레스 가게 앞에서 제이는 잠시 넋을 잃는다. 그토록 오랫동안 꿈꾸어 온 운명의 장소를 이렇게 만나다니! 제이는 감격해서 눈물이 다 나려고 한다. 화려한 드레스를 입고 눈부신 조명을 받으며 무대에 서서 열광적인 박수를 받는 것. 이것이 제이의 오랜 꿈이다. 어떻게 하면 드레스를 한번 입어 보나…… 주위를 둘러봐도 드레스를 입은 사람은 없다. 드레스를 입으려면 파티가 열려야 하는데 사람들은 일하느라 바빠 도통

파티를 즐길 여유가 없다. 파티는 텔레비전 드라마나 영화에서나 잠깐 구경할 수 있을 뿐이다.

나는 웨딩드레스를 입으리라! 눈부신 웨딩드레스를 입고 내 인생의 무대에 주인공으로 우뚝 서리라! 이렇게 결심하고 제이는 20대를 매진해 왔다. 고등학교 졸업하고 주위 사람들이 대학 가라고 할 때 제이는 "대학엘 왜 가? 난 시집갈 거야!"라고 공언해 왔던 것이다. 이후 지금까지 '짝을 찾겠다'는 제이의 집념은 변함이 없다. 그래서 정말, 몇 명의 남자들이 제이네 집에까지 찾아왔었다.

첫번째 남자는 손발이 조그만 왜소증 남자라서 제이가 싫다고 했다. 두번째 남자는 저 멀리 제주도에서, 그야말로 '물 건너서' 찾아왔는데, 선보러 온 남자가 옷차림이 어찌나 꾀죄죄한지 잔뜩 구겨진 와이셔츠 목깃에 때가 꼬질꼬질하더란다. 그래서 남동생 옷을 몇 가지 챙겨 줬는데…… 세상에나 만상에나, 이 남자가 그 옷을 들고는 제주도로 가서 소식이 없더라고. 제이 얼굴 보고 달려왔는데 휠체어 탄 모습을 보고는 자신이 없었던 모양이다. 세번째 남자는 대체로 무난했다. 그래서 얘기 재미나게 하고 있는데…… 그때가 여름인지라 이 남자가 더웠던지…… 저기요 죄송하지만…… 하면서 머리통을 훌러덩 벗는데…… 세상에나 만상에나, 대머리 총각이었던 것이다!

거 봐라. 얼굴 보고 찾아온 남자들이란 다들 그 모양이다. 이제 남자 믿지 말고 능력을 길러라. 서른 살이 되면서 제이는 운명의 반

쪽을 "더 이상 앉아서 기다리지 않겠다. 내가 찾아 나서겠다"고 결심하게 되었다. 그래서 일도 열심히 하고, 공부도 하고, 시도 쓰고, 교회에도 열심히 나가고 하는데…… 이 모든 활동이 제이에게는 '짝을 찾는' 활동이라고 할 수 있다.

20대의 마지막 겨울을 보내면서 제이는 한 가지 아쉬운 일이 있다. 서른이 되기 전에 꼭 해보고 싶었으나 못했던 일. 그것은 '드레스 카페'에 가 보는 일이다. 홍대 앞에 그런 카페가 있다고 한다. 온갖 종류의 예쁜 드레스들을 진열해 놓고 잠시 입어 보도록 빌려주는 카페. 제이는 거기 가서 마음에 드는 드레스를 입고 사진을 찍고 싶었는데…… 세상에나 만상에나, 그 집 커피값이 2만 원이라나 3만 원이라나. 그래서 제이는 안타깝게도 그토록 열망하던 드레스를 한번 만져 보지도 못하고 20대의 마지막 겨울을 쓸쓸하게 보내고 말았던 것이다.

그런데 서른 살의 여름날, 낯선 거리에서 드레스를 입은 마네킹을 이렇게 한꺼번에 만나다니! 제이는 마네킹이 입고 있는 드레스를 가까이 다가가서 만져 본다. 난 이 드레스가 가장 마음에 들어. 살구색 깔깔이 천으로 된 드레스 앞에서 사진도 한 장 찍는다. 이 드레스는 어깨가 드러나고 가슴 부분이 리본 모양으로 묶여져 있다. 엉덩이와 허리 라인이 살짝 드러나면서 우아하게 발목 아래까지 내려오는 드레스. 다른 드레스에 비해 얌전하면서도 사랑스러운 느낌이 든다. 난 제이의 이 욕망이 이해가 안 된다. 튀고 싶어서 드레스를 입는 건데…… 튀려면 화끈하게 튈 것이지 은은하게 튀고 싶다는, 드러나되 살짝 드러나고 싶다는 이 욕망은 무엇이냐 말이다.

어쨌건, 드레스 구경을 실컷 했으니 땡볕에 이태원 거리를 헤맨 보람은 있다. 나는 또 배가 고프다. 우리 뭐 좀 먹고 가자. 그런데 둘러봐도 우리가 들어갈 만한 식당이 눈에 띄지 않는다. 간판이 죄다 영어로 되어 있으니 당최 읽을 수가 있어야 말이지! 두리번거리다가 우리는 어떤 빵집에 들어가서 팥빙수를 한 그릇 시켜서 같이 먹는다. 브라우니도 한 조각 같이 곁들여서. 제이는 오늘 우리들의 활동―방황이 흡족한 모양이다. 다음에는 여기도 가 보자, 저기도 가 보자 하면서 다음 일정을 구상한다. 물론, 자세한 계획은 없다. 그냥 한번 가 보는 거. 낯선 거리를 헤매 보는 거. 무작정 우연과 한번 부딪쳐 보는 거. 방황의 동기로 그거면 충분하지 않은가. 이태원에 와서 우리는 그런 방황의 감동을 이미 가슴 벅차게 체험하지 않았는가. 팥빙수의 시원한 얼음 알갱이들이 여름 한낮의 열기를 식혀 주자, 제이의 가슴에는 조금 전의 감동이 다시 한번 밀려온다.

그 아름다운 드레스들 속에 파묻혀 죽어도 좋으리! 여름날 이국의 낯선 거리를 찾아간 제이를 가게 바깥의 거리에까지 나와서 반갑게 맞아 준 마네킹들은 제이의 꿈속 정령들 같다. 꿈속의 정령들이 현실에 나타나 제이를 반갑게 맞아 주는 것 같다. 그러니까 제이는 자신이 그동안 열렬히 찾아 헤매던 미지의 연인과도 한 걸음 더 가까워진 것 같아 감격스럽다. 훌쩍!

─코 좀 닦아줘.

중요한 순간에 꼭 콧물이 흘러서 분위기를 깬단 말이야. 제이는 축농증이 있다. 수시로 코를 닦아 줘야 한다. 한 달에 한 번쯤 이비인후과에 가서 치료를 받는 것이 제이의 중요한 일과이다. 병원에 가서 막힌 코를 뚫어 주고, 부은 콧살을 가라앉히고 하면 일주일 정도는 상쾌한데 다시 코가 답답해진다. 심해지면 병원에 가고, 병원 갔다 오면 얼마 동안 살 만하다가 다시 코가 막히고…… 그러고 있다. 드레스 입은 아가씨가 콧물이라니! 이거 뭔가 좀 이상하지만…… 콧물이 흘러도 제이는 간다. 방황하러!

아르바이트

올여름 제이의 수입은 쏠쏠했다. 복지 일자리 외에 아르바이트를 조금 더 했기 때문이다. 아르바이트란⋯⋯ 박물관, 공연장, 은행, 체육관 등을 둘러보면서 그곳에 장애인 시설이 잘 되어 있나 잘 안 되어 있나를 조사하는 일이다('물방울 다이아 파마' 편을 보시라!).

원래 봄에 했던 아르바이트인데, 여름에 추가로 4건을 더 하게 되었다. 같이 일을 했던 사람들이 다 못한 것을 제이가 받아서 더 하게 된 것이다. 이때 같이 일을 했던 사람들 중에 제이가 가장 일을 빨리, 그리고 많이 했다. 제이는 이 일을 너무나 즐겁게, 신나 하면서 했다. 무엇보다 돈이 되는 일이고, 서울 시내 여러 시설들을 둘러보는 게 제이에게는 '일'이라기보다 '소풍'이었기 때문이다. 일부러라도 놀러가고 싶은 미술관, 박물관 같은 곳에 가서 장애인이라면 당연히 느끼는 문제를 확인하고 시정을 요구하는 일이 돈이 되다니! 이렇게 좋은 아르바이트를 놓치는 사람이 있다니⋯⋯ 모니터링 누락분이 있다는 사실이 제이로서는 이해가 안 된다. 하지만 그 때문에 제이는 즐거운 돈벌이를 더 할 수 있게 되었으니 고마운 일이다.

이 아르바이트를 하기 전에 사전교육을 두 차례에 걸쳐서 받았다. 조사 나가서 어떤 사항들을 확인해야 하는지, 조사 과정에 부딪치는 여러 가지 문제에 대해 어떻게 대처해야 하는지 등등에 대해서 설명도 듣고 토론도 하는 과정이었다. 그런데 여기 교육 받는 데서 제이는 주위의 시선을 한 몸에 받았다. 장애인을 위한 편의시설이 잘 되어 있는지 안 되어 있는지 조사하는 설문 문항에 "은행의 현금입출금기 화면이 너무 빨리 넘어가서 이용하기가 불편하다"는 항목을 추가하자는 주장과 함께 제이는 다음과 같은 제안을 해서 사람들을 충격에 휩싸이게 했던 것이다.

─미술관이나 박물관 같은 데 경사로가 있으면 안 돼요. 전에 어떤 미술관에 갔을 때…… 층계 올라갈 때…… 완전 멋진 남자가 와서, 안아서 올려 줬어요!

이렇게 시작한 모니터링 아르바이트 때문에 과외의 수입이 생겨서 제이는 오랜만에 동생한테 맛있는 것도 사주고, 벼르던 탑브라도 샀다. 제이는 매일 전철 타고 오가면서 전철역 안에 있는 상가에서 파는 탑브라를 눈여겨 보았다. 그걸 꼭 사고 싶었다. 그게, 입으면 옷이 태가 나면서도 어깨 끈이 잘 안 내려와서 편하기 때문이다. 가격도 6,900원. 그 정도면 큰 맘 먹고 하나 살 수도 있을 것 같은데 쥐꼬리만 한 작업장 급료가 수입의 전부인 제이로서 그 물건에 눈은 가지만, 손은 선뜻 내밀기가 힘들었다. 그런데 이번에 모니터링 아르바이트 해서 그걸 샀다. 그리고 주택청약저축도 평소보다 많이 넣었다. 제이는 너무 행복해 졌다. 재미있는 일로 돈도 벌고, 그 돈으로 하고 싶은 걸 할 수 있다니! 특히 동생에게 누나로서의 권위를 세울 수 있어서 너무 좋다. 제이에게는 두 살 어린 남동생이 하나 있는데, 이 동생이 평소 제이의 속을 자주 긁는다.

— 누나는 도대체 뭐 하는 거야? 나이가 서른인데 자기 밥벌이도 못하고. 누나 때문에 여자친구 생겨도 집에 데려오지 못하겠어.
— 밥벌이를 못하다니! 난 복지 일자리 근무를 하고 있어!

복지 일자리란…… 복지부에서 장애인들을 위해 특별히 마련한 일자리이다. 일반 업체에선 장애인을 고용하려 하지 않는다. 그래서 정부에서 몇몇 작업장을 정해서 장애인을 고용하도록 해서 지원을 해주는 제도이다. 제이는 현재 종로에 있는 한 작업장에서 청소, 동료 상담의 일을 하고 있다. 이 작업장에서 일하고 받는 급료가 많지는 않지만 제이는 가족들과 함께 살고 있어서 주거비, 식비가 따로 안 들기 때문에 그 돈을 아껴서 알뜰하게 생활을 해나가고 있다. 그런데 은행에 근무하는 동생 눈에는 누나의 벌이가 도대체 벌이로 안 보이나 보다. 그래서 누나를 게으르고 한심하다는 듯 수시로 무시하는 말을 하니…… 동생이 이렇게 한 번씩 속을 뒤집어 놓을 때마다 제이는 며칠씩 잠을 못 잔다.

제이도 취업을 하기 위해 노력을 많이 했다. 고등학교를 졸업하고 대학에 안 가는 대신 컴퓨터를 배워서 웹디자인 기술을 익혔다. 그래서 어떤 회사에 인턴사원으로까지 뽑혔는데 정식직원으로 채용되는 데는 실패했다. 제이는 손발을 자유롭게 움직이지 못한다. 밥도 다른 사람이 먹여 줘야 한다. 그런데 손가락을 섬세하게 움직이지는 못하지만, 손목을 써서 마우스를 움직일 수 있고 컴퓨터 자판은 천천히 두드릴 수 있으니 웹디자인 기술을 배운 것인데……. 그래도 이게 전문기술자가 되기 위해서는 더 많은 시간과 노력이 필요한 것이다. 회사에서 요구하는 전문가 수준에는 제이의 실력이 미치지 못했다. 다양한 정보를 빨리빨리 받아들여서 새로운 감각을 만들어 내야 하는데 제이는 신체 조건상 일하는 속도가 느리다. 그러니 다른 사람과의 경쟁에서 이길 수가 없었던 것이다.

인턴사원으로 뽑힌 기쁨과 정식직원이 되지 못한 좌절을 동시에 겪으면서 제이는 한 가지 깨달음을 얻었다. 아, 내가 남들하고 경쟁해서 이기는 일을 하기는 힘들겠구나……, 나만이 할 수 있는 일을 찾아야겠구나……, 하지만 그것이 무엇이란 말인가? 내가 좋아하는 일이 밥벌이가 되고, 그 일로 세상을 만나는 것. 그런데 내가 뭘 좋아하는지는 여기저기 부딪쳐 보기 전에는 모른다. 그래서 제이는 열심히 일도 하고, 공부도 하고, 시도 쓰고 있는데 동생은 이런 누나를 하는 일 없이 놀고먹는다는 듯 무시하니 속이 상한다. 게다가, 누나 때문에 여자친구를 집에 못 데려온다니! 동생은 누나가 휠체어 탄 게 창피해서 여자친구한테 보여 주기 싫다고 한다. 그리고 나중에 결혼을 해서 자기 마누라가 누나 때문에 고생할까 봐 걱정된다고 한다. 이 말이 가시로 박혀서…… 제이는 정말 며칠 동안 잠을 못 잤다.

그래도 너는 내 동생이니까 내가 데리고 간다! 제이는 이러면서 이번에 모니터링 해서 돈 번 거 가지고 동생에게 치킨을 사 주었다고 한다. 평소에도 동생은 제이한테 맨날 얻어먹는다. 지는 연봉 수천만 원 받는 정규직이면서, 한 달 수입 이십몇 만 원 그게 돈이냐고 무시하면서도 누나한테 맨날 "짜장면 사 줘" "아이스크림 사 줘" 하는 걸 보면 역시 동생은 동생인 모양이다. 제이는 이번 모니터링 아르바이트를 해서 이 철없는 동생에게 평소에는 짜장면을 사 주다가 치킨을 사 줘서 누나로서의 권위가 확 섰다고 으쓱해한다.

—난 뭐 없어?

모니터링 급여에 활보 수당도 있는데, 이번 추가분에서는 예산이 모자라서 활보 수당이 없다. 어마나…… 기대했던 돈이 안 나오는 바람에 난 완전히 망했다. 월급날은 아직 멀었는데 통장에는 잔고가 320원. 이 돈으로 어떻게 한 달을 버틴단 말인가. 나는 제이에게 "월급날 갚을 테니 돈 만 원만 빌려 줘"라고 한다. 그랬더니 제이는 고개를 홱 돌려 나를 째려보면서 이렇게 말한다.

—이번에 아르바이트 안 했으면 어쩔 뻔했어? 사람이 그렇게 막살아서 어쩌려구 그래? 갑자기 무슨 일이 생길지도 모르는데…… 통장에 한 달치 월급 정도는 깔려 있어야지. 만 원 가지고 어떻게 한 달을 살아? 자, 여기 이만 원!

그녀가
처음 울던 날

오늘은 활보하는 날이 아닌데 제이한테서 전화가 왔다. 어쩐 일일까? 갑자기 외출할 일이 생긴 걸까? 그게 아니고…… 가방 정리하다 보니 교통카드가 없어서…… 하루 종일 찾아도 없는데 혹시 못 봤냐고 한다. 제이의 교통카드는 내 바지 주머니에 들어 있었다. 어제 활동 끝나고 제이를 집에 데려다 주고 엘리베이터 문 닫히기 전에 빨리 탄다고 허겁지겁 헤어지는 바람에 교통카드 돌려주는 걸 잊어 버렸다. 어 미안. 내일 돌려줄게…… 내가 워낙 정신이 없는 사람이라 내 지갑을 제이 가방에 넣고 오는 때도 있다. 활동을 같이하다 보면 물건들이 막 섞인다. 흐이그…… 정신 차려야지…… 교통카드 찾았으니 다행이다, 하면서 전화를 끊으려는데 제이의 목소리가 좀 이상하다.

나는 사실, 제이의 목소리를 전화기를 통해 들은 적이 별로 없다. 직접 만나서 얘기한다. 전화를 하는 것도, 말을 하는 것도 제이로서는 힘을 많이 써야 하는 일이기 때문이다. 내일 몇 시에 만나. 이렇게 약속을 정하면 그대로 한다. 그 사이 딴 말이 나오면 너무 피곤해진다. 제이는 말 한마디 하기가 다른 사람들보다 두 배, 세 배 힘들다. 뇌병변장애라서 발음 기관의 근육 활동이 원활하지 않기 때문이다. 발음이 정확하지 않고 목소리도 작다. 제이를 처음 만났을 때 나는 제이의 말을 하나도 못 알아들었다. 종로의 롯데시네마 앞에서 만나자는 말을 못 알아들어서 종로 일대를 한참 헤맸다. 그래서 간신히 만나 인사를 하는데 이름을 알아들을 수가 없어서 뭐라구? 뭐라구? 몇 번이나 되물으며 온몸을 제이에게 바짝 붙여야 했다. 지금은 제이가 하는 말이 잘 들린다. 우리가 수다를 떨고 있으면 주위의 다른 사람들은 어리둥절해한다. 두 사람이 뭐라고 하는지 모르는 말을 주고받으며 웃고 떠들기 때문이다.

활동보조 일에서 가장 중요한 건 '말귀 알아듣는' 능력이라는 것을 알았다. 제이가 하는 얘기를 사람들은 잘 못 알아듣는다. 오늘도 제이가 작업장의 동료에게 "어디 갔다 왔어요"라고 하자 동료는 "아뇨, 아무데도 안 갔어요"라고 대답했다. 제이의 말은 자기가 어디(교회 수련회)에 갔다 왔다는 말이다. 제이는 자기의 근황을 말하면서 동료에게 다정하게 말을 건네는 것이다. 그런데 이 동료는 이번에 여름휴가 어디 갔다 왔냐고, 자기의 근황을 묻는 줄 알고 아무데도 안 갔다고 대답한 것이다. 이런 식의 오해가 자주 생긴다. 그래서 활보로서 나의 주된 업무는 '통역'이다. 제이의 말을 정확하게 사람들에게 전하는 것. 그러다 보면 간혹 제이하고 얘기하던 사람이

나하고 얘기하게 되는 경우가 있다. 그러면 제이는 시무룩해진다.

참 이상한 일이다. 어째서 처음에는 하나도 안 들리던 제이의 말이 지금은 잘 들리는 것일까. 제이가 말을 잘 못하는 거라면 처음과 마찬가지로 지금도 알아듣기 힘들어야 하지 않은가. 그렇다면 혹시 제이에게 말하는 능력의 장애가 있는 것이 아니라 나에게 듣는 능력의 장애가 있는 것은 아닐까? 남의 말을 못 알아듣는 장애! 제이랑 같이 활동을 하면서 나는 귀가 좀 뚫린 것 같다. 하지만 요즘도 활동을 하다가 잠시 딴 생각을 하면 제이의 말이 안 들린다. 제이랑 같이 있으면서 나는 종종 내가 해야 하는 다른 일들 생각에 빠질 때가 있다. 아, 이것도 해야 하는데, 저것도 해야 하는데…… 이런 걱정에 빠져 있을 때 같이 있어도 제이는 아주 멀리 떨어져 있는 것 같다. 강 건너 저편에서 희미하게 어른거리는 제이의 얼굴. 이때 제이가 뭐라고 해도 들리지 않는다. 제이는 조금 슬퍼하는 표정으로 나를 물끄러미 쳐다본다. 그리고 조용히 기다린다. 내가 이런 저런 생각들에서 벗어나 지금 이 순간 자기와 함께 숨을 쉬기를.

그런데 그녀에게 무슨 일이 생긴 걸까……, 왜 전화기 저편에서 들리는 제이의 목소리가 울먹이는 걸까……. 지금까지 나는 제이가 우는 걸 한 번도 본 적이 없다. 그녀는 혼자서 가만히 있을 때도 잔잔히 웃는 얼굴이다. 낙천적이고 솔직 발랄한 그녀가 왜 울먹이는 걸까……. 무슨 일이냐고 하니까 제이는 "오빠가 연락을 안 한다"고 한다. 으이구…… 그놈의 오빠, 올여름 내내 애먹이는구만!

여기서 '오빠'는 교회의 밀알 선교 모임을 같이 하는 오빠를 말한다. 제이한테는 가족들 다음으로 가까운 사람이다. 가장 자주 만나고, 얘기도 많이 하고, 같이 놀러 다니고, 신앙 모임도 같이 하고, 공부 모임도 같이 하고. 이 오빠는 직업이 컴퓨터프로그래머라서 제이네 집의 컴퓨터도 새로 조립해 줬다. 그런데 이 오빠랑 제이는 얼마 전에 싸웠다. 계기는 사소하다. 오빠 친구에게 통장을 잠깐 빌려 주라는 부탁을 제이가 안 들어준 것. 오빠 친구에게 돈 들어올 게 조금 있는데 수급자라서 그런 게 있으면 안 된다. 그러니 그 돈을 제이 통장으로 받아서 그 친구에게 전해 주라는 것이 오빠의 부탁이었다. 크게 어려운 부탁은 아니다. 그런데 좀 찜찜하다. 남한테 통장을 빌려 준다는 것이 고지식한 제이로서는 개운치가 않다. 그래도 친한 오빠 부탁이니 그러마고 했는데…… 근데 이게…… 여러 가지 상황이 꼬여서 약속을 지키지 못하게 되었다.

통장 사본을 팩스로 보내라는데 집 근처에 팩스 대행하는 데가 없다. 그럼 스캔해서 메일로 보내라고 하는데 집에 있는 스캐너가 고장이 났다. 통장 사본 한 장 보내는 일이 간단해 보이지만 막상 해 보니 제이한테는 간단한 일이 아닌 것이다. 어떻게 해야 할까…… 도서관에 가서…… 디지털 자료실에 가서…… 스캐너용 PC를 예약해서…… 스캔을 해서…… 이 과정이 몸이 불편한 제이로서는 시간이 오래 걸리고 복잡한 일이다. 그런데 마침 도서관도 휴관일이다. 날은 덥고 이래저래 짜증이 난 제이는 오빠한테 "못하겠다"고 했다.

뭐? 하겠다고 해놓고 이제 와서 못하겠다면 어떡해? 이 때문에 오빠는 삐쳐서 올여름 내내 제이랑 말도 안 한다. 전화해도 안 받고, 문자를 보내도 묵묵부답. 밀알 모임에서 만나도 얼굴을 외면한다.

말을 안 한다는 것. 그것은 관계의 단절을 뜻한다. 그동안 제이에게는 이 오빠가 가장 친한 친구였는데 오빠가 말문을 닫아 버리자 제이에게는 사방이 꽉 막히는 느낌이다. 숨쉬기가 곤란하다. 제이가 집 밖에 나가서 세상과 관계를 맺는 것은 주로 이 오빠와 함께, 혹은 이 오빠를 통해서였다. 밀알 모임에서도 늘 이 오빠가 제이를 챙겨 줬고, 공부 모임(장애인 인권강사 양성 아카데미)도 이 오빠가 소개해 줘서 시작하게 되었다. 그런데 이 오빠가 제이와 마음의 담을 쌓아 버리니 제이는 밀알 모임에 가서도 서먹서먹하고, 공부 모임

도 의욕이 안 생긴다. 제이는 스스로 공언하기를, 공부에 별 흥미가 없다. 그래서 대학에도 안 갔다. 지금 공부 모임에 가는 것은 집에 있으면 답답하니까…… 친구 만나러 가는 것이다. 그리고 인권강사가 되겠다는 것도 장애인으로서 투철한 문제의식이 있어서라기보다 "정장 한 벌 쫙 빼입고 사람들 앞에서 폼 한번 잡아 보고 싶어서"라고 제이는 말한다. 오빠가 가자고 해서 따라왔는데 이제 오빠가 제이를 외면해 버리니 앞으로 어떻게 혼자 공부할까 싶다. 게다가 집의 컴퓨터가 말썽이다. 완전히 다운돼서 부팅이 안 된다. 이 컴퓨터를 오빠가 조립해 줬으니 오빠가 와서 손을 봐주면 좋은데 그게 안 되니 제이는 답답해서 미칠 지경이다.

오빠 때문에 하나도 되는 일이 없다! 그건 다시 말하면, 그동안 제이가 오빠한테 너무나 많은 것을 의지했다는 말이 된다. 이럴 수가…… 오빠와의 냉전이 계속되는 동안 제이는 살이 쭉 빠졌다. 일을 해도 신이 나지 않고, 놀기도 싫다. 시도 써지지 않는다. 아무도 만나고 싶지 않다. 한마디로 삶의 의욕이 없어졌다. 오빠가 나한테 그토록 중요한 사람이었나? 그런데 나는 왜 '통장 잠깐 빌려 달라'는 사소한 부탁 하나도 들어주지 못했나. 내가 정말 다른 사람 말을 하나도 안 듣는 고집불통이구나……, 내 몸 조금 움직이는 거 너무 귀찮아하는 게으름뱅이로구나……, 제이는 이렇게 자책하며 오빠에게 사과했다. 크게 힘든 일도 아닌데 부탁 들어주지 못한 것. 더구나 못할 거면 처음부터 못한다고 할 것이지, 하겠다고 했다가 안 해서 오빠를 식언하게 만들고 만 점. 정말 잘못했고, 다음부터는 이런 일 절대로 없도록 하겠다고, 그러니 제발 화를 풀라고…… 제이는 오빠한테 그야말로 '싹싹' 빌었다.

그런데 이 오빠가 정말 화가 단단히 난 모양이다. 이번이 처음이 아냐! 넌 그동안 내 말을 들은 적이 한 번도 없어! 오빠는 그동안 제이한테 화가 났던 걸 좌악 늘어놓는다. 제이로서는 몇 년 전의 일이라 생각도 잘 안 나고, 그게 문제가 되리라고 생각지도 못했던 일들이 오빠의 입에서 생생한 분노로 쏟아져 나왔다. 그 중에 가장 최근 오빠를 화나게 했던 일은…….

제이가 이 오빠랑 친하게 지내니 제이의 엄마가 "그 친구 사람이 괜찮더라. 한번 사귀어 보는 게 어떠니?"라고 하셨다. 사귄다? 그게 지금 친하게 지내는 거랑 어떻게 다른 거지? 분명하게 알 수 없었지만, 제이는 그것도 괜찮다 싶었다. 엄마의 말에 고무되어 제이는 당장 오빠한테 문자를 보냈다. 오빠, 나랑 사귈래? 이게 사단이었다. 어떻게 그 말을 그렇게 쉽게 할 수 있느냐. 그것도 자기가 충분히 고민해서 하는 말이 아니라 엄마 말 듣고 장난 삼아. 자기를 어떻게 그렇게 함부로 대할 수 있느냐며 오빠는 화를 냈다. 너 나 좋아해? 그런데 좋아하는 사람 말을 이렇게 안 들을 수가 있니? 그러면서 어떻게 사귀자는 말을 해?

제이는 어리둥절해졌다. 하지만 오빠 말이 다 맞는 것 같다. 내가 다 잘못했어, 다음부터 안 그럴게…… 이렇게 사과를 하면서 제이는 오빠의 마음이 풀어지길 바랐다. 그렇게 앞뒤가 꽉 막혀서 어떻게 시를 쓰냐? 지금 네가 쓰고 있는 시는 자기 세계에 빠져서 헤어나지 못하는 나르시시즘의 독백이야! 오빠의 이 말에 제이는 자존심이 상했다. 제이는 멋진 시인이 되는 게 소원인데 "네 시는 엉터리야, 시 쓰지 마"라고 하니, 이건 완전 사람 앞길 막는 말이 아닌가. 여기에 감정이 확 상한 제이는 오빠한테 사과를 요구했다. 오빠, 내가 잘못한 거는 잘못한 거지만 오빠 방금 한 그 말은 절대 못 받아들이겠어. 오빠가 나한테 잘못했다고 해.

거 봐라, 넌 내 말을 하나도 안 듣는 거잖아! 다시는 나한테 아는 척도 하지 마! 하면서 오빠는 홱 돌아서 가 버렸다. 간신히 화해 무드로 들어선 제이와 오빠의 관계는 이렇게 해서 다시 냉전체제로 굳어지고 만 것이다. 제이는 오빠를 포기했다. 이렇게 노력해도 안 되면 안 되는 거야. 다시 관계를 회복한다 해도 내가 오빠 말을 다 들을 순 없어. 다시 그 상황이 된다 하더라도 난 통장을 빌려 줄 수 없을 거야. 세상에 사람이 오빠 하나뿐인가? 새로 친구 찾아 보자!

심기일전하기 위해 제이는 교회 수련회에 다녀왔다. 몸이 불편한 제이로서는 어디 가서 하루 자고 온다는 게 쉽지 않지만, 이번에는 마음이 너무 괴로워서 어디라도 가서 힘을 좀 얻어 와야 할 것 같았다. 정말, 교회 수련회에 갔다 와서 제이는 활기가 좀 생겼다. 수련회 프로그램 중에 목사님 특강이 있었는데, 특강 주제가 '관계'였단다. 사람 사이 관계에서 가장 중요한 것은 무엇인가. 무엇이 관계를 좋아지고 나빠지게 하는가 등에 관한 말씀이었는데…… 목사님 말씀 중에…… 이 사람하고 안 되니 저 사람하고 해보겠다는 건 헛수고다. 왜냐하면 이 사람하고의 관계를 힘들게 하는 원인이 바깥에 있는 게 아니라 바로 나 자신에게 있기 때문. 이 사람하고 부딪치는 문제는 저 사람하고 만나도 다시 부딪치게 된다. 그러니 외부의 상황을 탓하지 말고 내 문제가 뭔가를 보고 고치는 것이 관계를 회복하는 길이다. 목사님의 이 말씀이 제이에게 팍 꽂혔다.

맞아! 오빠하고의 관계를 회복하지 못하면 나는 앞으로 누구하고도 친구가 될 수 없어. 누구를 만나도 같은 문제──고집불통의 나 자신과 부딪칠 거야! 제이는 다시 용기를 내서 오빠에게 만나자고 했다. 그런데 오빠는 계속 전화를 안 받고 문자도 씹는다. 간신히 연락이 닿아서 만나기로 했는데, 언제 어디서 만날지는 "내가 연락할 테니 기다려라" 해놓고 오빠는 아직 연락이 없다. 기다리다 지쳐 제이는 나한테 전화해 놓고 엉뚱한 말끝에 울음을 터뜨리는 것이다.

그녀에게 뭐라고 해야 위로가 될까. 오빠, 그 나쁜 놈! 연락 안 오면 고맙지 뭐. 그러게 내가 뭐랬어? 공주병 좀 고치라 그랬지? 호미로 막을 것을 가래로 막는다고, 통장 사본 한 장 보내면 될 일을 안 해서 여름 내내 이게 무슨 고생이야? 하려다 그만두고, 나는 그녀가 그냥 울도록 내버려둔다.

포도의
계절

제이랑 나랑 자주 다니는 길에 과일가게가 하나 있다. 사거리 횡단
보도에서 신호를 기다리려면 이 가게 앞을 지나야 한다. 가게 안에
는 과일들이 박스로 쌓여 있다. 가게 바깥으로까지 수박, 참외, 복숭
아, 토마토 등등이 쏟아져 나와 있다. 반짝이 달린 찢어진 티셔츠를
입고 이마에 빨간 스카프를 질끈 동여매고 소형 마이크를 입 앞에
단 아저씨가 땅바닥을 발로 쿵쿵 울리면서 "둘이 먹다 셋이 죽어도
몰라요! 꿀복숭아 다섯 개 삼천 원, 삼천 원!" 하면서 외친다. 어디?
정말? 지나가던 사람들이 고개를 쭉 빼고 가게 앞으로 모여든다. 이
가게 앞을 지날 때마다 사람들 사이를 헤치고 휠체어 지나가기가
힘이 든다. 횡단보도 신호등이 녹색 불에서 빨간 불로 바뀌려고 하
는데, 바뀌기 전에 빨리 횡단보도를 건너야 하는데, 과일가게 앞에
장사진을 이룬 사람들로 길이 막혀 다음 신호를 기다려야 하는 때
가 종종 있다.

　작년 여름, 처음 활동보조 일을 시작했을 때 내 다리는 온통 멍

투성이었다. 휠체어에 부딪쳐서이다. 휠체어는 제이 신체의 연장이다. 그런데 이전에 휠체어 탄 사람과 만나 본 적이 없는 나는 제이를 볼 때 얼굴, 손발에만 눈이 간다. 휠체어는 별로 의식 안 한다. 그러다 어느 순간, 제이가 몸을 돌릴 때, 제이의 얼굴만 보고 있다가, 제이의 다리에 해당하는 휠체어의 뾰족 튀어나온 모서리에 정강이가 부딪친다. 으으윽…… 휠체어가 쇳덩어리로 된 거라 여기 부딪치면 눈물이 쑥 빠지게 아프다. 하지만 내 실수로 그런 걸 제이 앞에서 아픈 티도 못 내고…… 혼자 얼굴을 울그락불그락. 요즘은 휠체어의 속도와 방향에 따라 내 보폭과 동선을 조절하는 요령이 생겼다. 눈은 제이의 얼굴을 보고 있어도 내 몸은 휠체어의 움직임 전체를 느낀다.

그러나 '다른' 신체에 익숙하지 않은 사람들은 이게 쉽지 않은 모양이다. 거리를 활보하다 보면 아무리 조심해도 접촉 사고(?)가 발생한다. 휠체어 바퀴에 발이 밟히거나 무릎, 정강이를 부딪치는 일. 얼마나 아플까? 내가 겪어 봐서 안다. 그래서 활동보조로서 나의 중요한 일은 '클랙슨' 역할이다. 붐비는 사람들 사이를 지날 때 "좀 지나갈게요" 하면서 소리치는 일. 그래야 접촉 사고를 피하면서 원활하게 길을 갈 수가 있다. 그런데 이게 쉽지 않다. 창피해서 목소리가 잘 안 나온다. 그래서 어머, 어머 하다 이미 돌이킬 수 없는 순간이 되었을 때, 즉 이미 휠체어에 부딪쳐 누군가 잔뜩 인상을 찌푸리고 있을 때 비로소 "죄송합니다" 사과를 하게 되는 때가 많다. 불량

클랙슨이라고나 할까. 요즘은 조금 나아지긴 했지만 '소리 알리미' 역할은 소심한 나에게 여전히 어려움이 있다. 사람들 기분 안 상하게 길 비켜 달라고 하는 게 조심스럽다. 요즘같이 누구라도 건드리면 폭발할 것 같은 무더운 여름날에는 특히나. 누구나 제 갈 길이 바쁜 법이다. "누구더러 길을 비키래?" "몸도 불편한 사람이 집에 있지 왜 나왔어?" 이런 말을 들을 수도 있다. 하지만 대부분의 사람들은 호의를 가지고 길을 비켜 준다. 그리고 제이는 휠체어를 정말 천천히, 조심해서 운전한다. 사람들 뒤에 천천히 따라가지 "다 비켜" 하면서 남 밀치며 앞서 가지 않는다.

그런데 휠체어는 차도로 다녀야 하나 인도로 다녀야 하나. 휠체어는 바퀴 달린 기계니까 차도로 다녀야 할 것 같기도 하고, 속도가 걷는 속도이니 인도로 다녀야 할 것 같기도 하다. 날씨가 더우니 내 머리가 좀 이상해진 것 같다. 휠체어는 당연히 인도로 다녀야 한다. 휠체어는 제이의 다리이다. 휠체어가 만약 차도로 다녀야 한다면 제이랑 동행하는 나는 어쩌라고? 아기 유모차에도 바퀴가 달렸다. 그렇다고 유모차가 차도로 주행해야 하는 것은 아니지 않은가. 휠체어와 유모차…… 엘리베이터를 타고 갈 때 유모차를 탄 아기와 휠체어를 탄 제이가 나란히 있는 모습을 보면 웃기다. 이때 나는 순간적으로 유모차를 밀고 가는 아기 엄마가 된 기분이다. 그런데 문득 쳐다보면…… 아악! 내가 밀고 가는 유모차(휠체어)에는 아기가 아니라 괴물이 타고 있어! 으음…… 정신 차려야지.

횡단보도 신호가 바뀌었다. 제이는 길 가는 걸 멈추고 과일가게 앞에서 다른 사람들과 함께 고개를 쭉 빼고 값싸고 싱싱한 과일 구경에 여념이 없다. 복숭아, 토마토도 싱싱하지만 한 바구니에 세 송이가 담겨 있고, 그렇게 한 바구니에 오천 원이라고 아저씨가 소리치는 포도가 특히 알이 굵고 잘 익어 보인다. 벌써 포도 철인가? 얼마 전까지 연일 폭염이 계속되더니 지금은 더위가 한풀 꺾였다. 모기 입이 삐뚤어진다는 처서가 지났으니 한여름은 지난 셈이다. 하지만 아직 여름이 지난 건 아니래. 다음 주부터 다시 더워지기 시작한대. 구월 초까지는 여름이래. 제이는 일기예보에서 들은 걸 나한테 알려준다. 제이는 언제나 정확한 일기예보를 알고 있다. 기상캐스터 같다. 오늘은 흐리다가 오후부터 비가 올 거래. 오늘은 기온이 34도야. 그러다 흐리기만 하고 오후에 비가 안 오면 "이상하다……비가 오기로 했는데……"라고 한다. 마치 비하고 만나기로나 한 것처럼 말이다.

포도가 이렇게 잘 익은 게 한 바구니에 오천 원이라니 싸다. 한 바구니 살까? 하지만 생각해 보니 제이랑 같이 포도를 먹는 일이 약간 난감하다. 다른 과일은 껍질을 깎아서 적당한 크기로 잘라 제이 입에 넣어 주면 되지만 포도는 껍질째 입에 넣고 씨를 뱉어야 한다. 이 포도 껍질과 씨를 하나하나 내 손으로 받아야 할 걸 생각하니 나는 좀…… 귀찮다. 그런데 제이는 포도가 먹고 싶은 모양이다. 과일가게 앞에 내놓은 포도에서 떠나질 않는다. 안 돼! 이건 신 포도야!

신호 바뀌었으니 빨리 길을 건너자고 나는 제이를 재촉한다.

오늘은 인권강사 아카데미 개학날이다. 삼 개월간의 기초 과정을 마치고 심화 과정 공부를 시작하는 날. 제이는 이 개학이 누구보다 감격스럽다. 왜냐하면 제이는 이 개학을 못 맞이할 뻔했기 때문이다. 방학 동안 교회 오빠 때문에 마음고생이 심해서 공부를 계속할 의욕이 나지 않았다. 그래서 아카데미 팀장님께 심화 과정은 못하게 될 것 같다고 메일까지 보냈는데 정신 차리고 생각해 보니 그건 참 어리석은 짓 같다. 공부할 기회가 주어진 것은 너무나 소중하고 감사한 일이다. 그걸 오빠와의 감정 때문에 포기해서는 안 된다. 제이는 다시 팀장님께 전화를 드렸다. 공부 계속하겠다고. 안 하겠다고 했다가 다시 하겠다고 하자니 제이는 창피하다. 그러나 팀장님은 열심히 하라고 제이를 격려해 주셨다.

제이는 창피해 죽을 지경이다. 같이 공부하는 친구들, 선생님들께 신뢰를 받지 못하는 것 같아서. 쟤는 여기 왜 왔어? 쟤가 끝까지 할까? 홧김에 때려치우겠다고 했다가 다시 하겠다니 또 언제 그만둘지 모르지……, 사람들이 모두 이런 시선으로 제이를 쳐다보는 것 같다. 개학 첫날부터 제이는 몸 둘 바를 모르겠다. 하지만 어쩌겠어. 이게 다 자업자득인 것을. 이번 학기 열심히 공부하는 것으로 친구들의 신뢰를 회복하자. 지각 결석 절대로 안 하고, 과제 열심히 해오고, 강의 열심히 듣고, 토론도 열심히 참여하고…… 하여튼, 무조건 열심히! 같이 공부하는 친구들이 하는 말에 귀를 기울이고 관심과 애정을 갖자. 제이는 이렇게 굳은 결심을 하며 개학을 맞이했다.

그런데 너무 비장한 각오로 개학을 준비하다 보니 제이는 집에서 나올 때 점심을 못 먹고 나왔다. 너무 긴장해서 밥이 안 먹혔다. 그러니까 아까 과일가게 앞에서 제이가 움직이지 않았던 건 배가 고파서였던 것이다. 1시간 동안 이번 심화 과정에 대한 설명 듣고, 2시간 동안 강의 듣고, 또 1시간 토론…… 이렇게 4시간 동안 공부가 이어졌다. 공부도 좋지만 강의 1시간쯤 듣고 나니 제이는 배가 고파 견딜 수가 없다. 그토록 굳은 결심을 했음에도 불구하고 제이는 개학 첫날부터 강의에 집중할 수가 없게 된 것이다. 아 배고파…… 간식은 언제 나오나…….

마침내! 간식 시간. 간식은 포도였다. 아, 포도! 아까 그토록 먹고 싶었던 포도! 제이는 아까 과일가게에서 오래 눈 맞췄던 포도를 다시 만난 듯 반갑다. 그런데 강의 듣는 중에 활보는 뒷자리에 앉아 있어야 하기 때문에 눈앞에 포도가 있어도 제이는 그것을 먹을 수가 없다. 그림의 떡, 아니 그림의 포도인 것이다. 옆에 다른 사람들은 냠냠 맛있게 포도를 먹고, 마치 약이라도 올리듯 제이 옷에까지 튀도록 포도씨를 힘껏 뱉는데 제이는 구경만 하고 있다니…… 뒷자리에서 이 모습을 보고 있자니 나는 분통이 터진다. 활보는 원래 뒷자리에서 강의 기록을 해야 하지만 강의는 뒷전이고 내 머릿속에는 온통 제이에게 뭘 좀 먹여야 한다는 생각뿐이다.

마침내 쉬는 시간. 나는 잽싸게 제이한테 가서 포도를 먹여 준다. 그리고…… 보니까 옆에 앉은 친구가 간식으로 집에서 부침개를 해서 싸 가지고 왔다. 이것도 조금 얻어서 제이 입에 뜯어 넣어 준다. 참을 수 있겠어? 조금만 더 힘을 내! 나는 마치 링 위의 복서를 격려하는 코치처럼 제이에게 간식을 먹이고, 쉬는 시간이 끝나기 전에 송이에서 뜯어낸 포도알을 한 주먹 제이의 입에 틀어넣어 주고 허겁지겁 내 자리로 돌아온다. 그런데 내 자리로 돌아와 생각하니 걱정이 된다. 한 주먹이나 되는 포도알들을 제이가 어떻게 한입에 먹을까. 껍질과 씨를 발라낼 수 있을까.

오오, 그러나 걱정할 게 없었다. 강의 끝나고 가 보니 제이 앞에는 아까 내가 입에 넣어 준 포도 껍질들이 얌전하게 쌓여 있었다. 제

이는 강의 들으면서 천천히 하나씩 포도알들을 삼키고 껍질은 얌전하게 냅킨 위에 뱉어 놓았다. 엉? 그런데 씨는? 포도씨는 어떻게 했어? 제이가 뱉어 놓은 포도 껍질들 옆에는 씨가 하나도 없었다. 제이만 혼자 씨 없는 포도를 먹은 건가? 그게 아니었다. 포도씨 다 어쨌냐고 다그치는 나에게 제이는 눈이 동그래져서 이렇게 대답했다.

— 포도씨?
그걸 왜 뱉어서 버려? 고소한데 아그작 아그작 씹어서 먹지!

태풍이
지나가고

태풍이 지나가고 오랜만에 날씨가 맑다. 지난주까지만 해도 숨막히던 열기가 약간 헐겁게 느껴진다. 볕은 그대로인데 온도가 약간 내려갔다. 후덥지근하게 공기가 몸에 엉기는 느낌이 없어졌다. 나는 눈을 감고 천천히 온몸에 햇빛을 느끼면서 걷는다. 눅눅하고 무거운 몸을 말린다.

휠체어 뒤를 따라가면 눈을 감고 걸어도 된다. 제이가 전후좌우 잘 보면서 운전을 하기 때문이다. 난 그냥 휠체어 뒤의 손잡이를 잡고 따라가면 된다. 사람들은 내가 휠체어를 밀고 다니는 줄 안다. 길을 다니다 보면 "수고가 많으십니다" 하면서 인사를 건네는 사람이 있다. 하긴, 나도 처음에 그런 줄 알고 괜한 용을 많이 썼다. 오른쪽으로, 왼쪽으로, 천천히, 빨리…… 제이를 내가 운전하려고 낑낑거렸다. 내 맘대로 안 되는 휠체어 뒤에서 인상을 잔뜩 찌푸리고 있는 나에게 누군가 이렇게 말했다. "아니, 뒤에 매달려 오면서 왜 밀고 오는 것처럼 용을 쓰시오?"

어? 그렇군…… 제이의 휠체어는 전동 휠체어이다. 내가 밀어서 가는 게 아니라 전기로 움직인다. 그런데 왜 난 힘을 잔뜩 주고 있지? 내가 주로 안달을 하는 것은…… 횡단보도 신호가 바뀔락 말락 할 때, 빨리 길을 건너고 싶어서이다. 제이는 절대 서두르는 법이 없다. 깜박깜박, 녹색 점멸 신호가 3칸, 4칸 남았을 때…… 나 같으면 쌩 달려서 이번 신호에 건넌다. 하지만 제이는 천천히 멈추고 다음 신호를 기다린다. 나는 뒤에서 발을 동동 구른다. 아유…… 이번에 건널 수 있었는데…… 그래 봤자 몇 분 차이다. 신기한 건 이렇게 느려터졌는데도 이상하게 제이는 약속 시간보다 항상 먼저 가 있다. 리프트 작동이 안 되거나, 엘리베이터가 고장나거나, 길을 못 찾아 헤매는 상황을 고려해서 집에서 일찌감치 나서기 때문이다. 사실, 오른쪽으로 가든 왼쪽으로 가든 상관이 없다. 내가 보기에는 이쪽이 지름길인데 왜 돌아서 갈까 싶어도 돌아서 가는 길이 지름길이 될 때도 있다. 그래서 요즘은 그냥 제이가 가는 대로 맡기고 따라간다.

휠체어 붙잡고 가면서 나는 내 볼 일 다 본다. 무엇보다 무거운 가방을 휠체어 등받이에 걸 수 있어 좋다. 평소 나는 늘 가방이 무겁다. 이것저것 읽어야 할 책들을 잔뜩 넣어 다닌다. 하지만 실제로는 그 중에 한 권도 제대로 못 읽고, 가방 무게에 눌려 주저앉는 때가 많지만…… 그래도 들고라도 다녀야 마음이 편하다. 제이를 만나면 내 무거운 가방을 내려놓을 수 있으니 난 몸이 가벼워 날아갈 것만 같다. 그런데 이게…… 휠체어에 짐 싣는 게 나만 그런 게 아닌 것 같다. 제이네 식구들도 그런 것 같다. 제이네 엄마도 장봐서 집에 들어올 때 제이보고 나오라고 하신다. 제이 휠체어 뒤에 장본 거 실어서 집에 들어간다. 이때 제이 엄마 하시는 말씀이…… 아들 여럿 둔 거보다 휠체어 하나 있는 게 낫구나!

제이 휠체어 꼬리에 매달려 가면서 나는 졸기도 하고, 전화도 하고, 시험 칠 거 외우고, 책도 읽고, 글도 쓴다. 사방팔방 구경하면서 몽상에 잠기기도 한다. 그런데 참 이상하다. 왜 혼자 있을 땐 시간이 아무리 많아도 뭘 하게 되지를 않는데 제이를 만나면 "말 시키지 마, 나 바빠"라고 하면서 바쁜 척을 하게 되는 것일까. 집에 있을 땐 펼쳐 보지도 않던 책을 꺼내 나는 갑자기 열심히 읽는다. 따다다다 크게 소리치면서. 이렇게 읽는 글은 우찌나 머리에 쏙쏙 들어오는지. 두 손이 다 빌 때는 뭘 해야 할지 몰라 허둥거리다 시간을 다 보내는데, 이렇게 제이 휠체어에 한 손을 얹고 가면 나머지 한 손으로 나는 아주 많은 일을 하게 된다. 나에게 시간은 혼자 있을 땐 꽝꽝 얼어붙어 있다가 제이의 휠체어 꼬리에 매달리는 순간 파닥파닥 되살아나는 것 같다.

제이는 이번 주에 인권강사 아카데미에 가서 약간 주눅이 들었다. 이번 주 공부 주제는 장애인 인권교육의 필요성과 현황. 내가 이 공부를 왜 하고 있는가에 대한 질문이라고 할 수 있다. 장애인 인권에 관한 법적 근거를 찾아보고, 전국에 이런 인권단체로 어떤 곳이 있으며 그곳에서 어떤 활동들을 하고 있는지를 알아보는 것이다. 그런데 제이는 장애인 인권에 관한 법률을 어디에 가서 찾아봐야 하는지 알 수가 없었다. 그리고 다른 친구들이 찾아와서 알려주는 법률 조항의 말들을 전혀 알아들을 수가 없었다. 그래서 강의 시간에도, 토론 시간에도 제이는 조용히 앉아 있을 수밖에 없었다.

공부 끝나고 집으로 돌아오는 전철 안에서도 제이는 여전히 조용하다. 내가 "오늘 강의 어땠어?" 물어보니 제이는 무슨 말인지 하나도 모르겠다고 한다. 그리고 걱정이 된다고 한다. 뭐가? 집에 가면

분명히 식구들이 오늘 어떤 거 공부했냐고 물을 텐데 거기에 뭐라고 대답을 해야 할지 모르겠다는 것이다.

제이가 인권강사 아카데미에 공부하러 가는 날, 공교롭게도 이 날은 내가 공부하러 가는 날과 겹친다. 제이가 공부하는 시간은 오후고, 내가 공부하는 시간은 저녁이지만 제이 공부 마치고 집에까지 데려다 주고 가면 내가 공부하는 시간에 늦는다. 어떡하지? 가장 좋은 건 이날만 나 대신 다른 활보가 와서 제이랑 동행하는 거지만, 시간 맞는 활보 구하기가 쉽지 않다. 센터에다가는 전부터 얘기를 해두었지만 적당한 활보가 없다고 한다. 그렇다면 방법은…… 제이 공부 마치는 시간까지는 내가 함께 있을 수 있다. 그런데 제이 집에까지 데려다 주고 나면 내 공부 시간에 너무 늦게 된다. 그러니 전철 타고 같이 가다가 중간에 헤어지는 것이 방법이다. 내가 먼저 내리고 제이는 조금 있다 내려서 혼자 집에 들어가는 것. 제이가 혼자 집에 들어갈 수 있으면 나도 늦지 않게 공부하러 갈 수 있다.

하지만 불안하다. 전동차와 승강장 사이가 넓어 휠체어 바퀴가 끼진 않을지, 제이가 혼자 전철역 엘리베이터 버튼을 누를 수 있을지, 전철역에서 나와 차들이 쌩쌩 다니는 도로를 건널 수 있을지, 경사진 아파트 언덕을 오를 수 있을지, 건물 출입문의 버튼 키를 누를 수 있을지, 혹시 비가 와서 꼼짝달싹 못하고 있진 않을지……. 전에 다른 장애인 친구 얘기를 들어 보니 휠체어를 타고 손발을 뒤틀고 하니까 이상하다고 다짜고짜 패고 달아나는 사람도 있다고 한다.

제이가 혹시 그런 또라이한테 걸리는 건 아닌지…… 걱정되니 집에 도착하면 문자 보내 달라고 하고 나는 먼저 전철에서 내렸다.

제이는 무사히 도착했을까? 공부하러 가는 길에 나는 제이의 노트를 뒤적여 본다. 강의 들은 내용을 적은 노트이다. 아까 아카데미 원장님이 제이에게 "활보가 필기 열심히 하던데 집에 가서 봐요?"라고 물으셨다. "네, 집에 가서 노트 보면서 강의 들은 거 열심히 복습해요!" 제이 대신 내가 대답했다. 제이의 명예를 위해서 나는 종종 시키지도 않은 일을 한다. 그런데 노트에는 휘갈겨 쓴 글씨가 가득하다. 글자를 하나도 알아볼 수가 없다. 강의 시간에 받아 적은 것을 집에 가서 다시 정리해야 하는데, 그러지를 못한 것이다.

멍청한 제이 같으니라구! 이러니까 강의 들어도 뭔 말인지 하나도 모르는 거야! 내가 이렇게 자기 노트를 방치해도 암말 않는 제이에게 나는 갑자기 참을 수 없이 화가 났다. 그래서 "노트 이리 줘!" 하면서, 정리 다시 해오겠다고 빼앗아 왔는데…… 내가 과연 제 시간에 못한 노트 필기를 따로 시간을 내서 해줄 수 있을지……. 지각이다, 지각! 이미 늦은 시험장을 향해 나는 허겁지겁 달려가고 있었다.

누룽지

제이의 활동보조를 하는 것만으로는 생활이 어렵다. 현재 제이가 복지부에서 제공받은 활동보조서비스 시간 전부를 내가 뛰고 있지만 이 돈으로는 월세 내고, 공과금 내고, 식비 하기도 빠듯하다. 급여의 반은 주거비, 반은 식비이다. 엥겔지수가 이렇게 높을 수가! 의식주 생활 중에 '식'(食)과 '주'(住)만 간신히 해결하고 있는 셈이다. '의'(衣)는 지금 내 처지로서는 고차원의 문화생활로 느껴진다. 옷은 전혀 못 사 입는다. 하지만 먹고 사는 문제를 해결한 게 어디인가! 감지덕지하며 나는 제이의 활동보조 하는 짬짬이 다른 사람의 활동보조를 하면서 모자라는 생활비를 벌고 있다.

오늘 나는 체험홈에 거주하고 있는 한 친구의 아침 활동보조를 나갔다. 화장실 가고, 목욕, 아침 식사를 도와주는 일이다. 체험홈에는 자립생활을 준비하는 장애인 몇 명이 함께 살고 있다. 이들에게는 또 각자의 활보가 있어 같은 일을 하는 동료들과의 수다가 즐겁다. 어머, 거기는 아침에 뭐 해먹어? 응 우린 계란말이. 한 젓가락 먹어 봐. 아 참, 지난번에 양파 두 개 빌려간 거 여깄어. 당근 하나는 이

자야. 이러면서 장애인 네 명, 활보 네 명이 수다를 떨기 시작하면 체험홈의 아침은 왁자지껄 잔칫집 마당 같다.

나는 사실 신출내기 활보라고 할 수 있다. 활동보조 일 시작한 지 겨우 1년 남짓 되었으니 말이다. 체험홈에서 3년차, 5년차 된 베테랑 활보들을 만나 현장 체험을 듣고 일의 노하우도 배운다. 어머, 그럼 안 돼! 내가 거실 청소 한다고 바닥을 걸레로 닦고 있으니 베테랑 활보가 비명을 지른다. 그렇게 무릎으로 기어다니면서 걸레질 하면 무릎 다 나가. 봉에다 걸레 끼워서 밀어. 초보 활보들이 가장 잘 저지르는 실수가 일 하루 하다 말 것처럼 몸을 막 쓰다가 며칠 못 가 쓰러지는 사태라고 한다. 활동보조 할 때 절대 힘 자랑 금지! 활보는 힘으로 하는 게 아니라 대화로 하는 거라고 베테랑 활보는 귀뜸해 준다.

오늘 아침 내가 활보를 하는 H는 잠자는 시간 빼고는 거의 하루 종일 활보가 옆에 붙어 있어야 하는 중증 뇌병변장애인이다. 일어나 앉고, 용변 보고, 씻고, 먹고, 외출을 하는 거의 모든 일상생활이 혼자서는 불가능하다. H에게는 아침 활보가 따로 있는데 오늘은 사정이 생겨서 못하게 됐다. 그래서 내가 땜빵을 나온 것. 활동을 시작하기 전, H는 나에게 이런 당부를 한다. 무조건 힘으로 하려고 하지 말고 호흡을 맞춰야 한다!

H가 아침에 일어나 화장실 좌변기에 앉기까지는 시간이 한참 걸린다. 이부자리에서 일으켜 앉힌다. 화장실 쪽으로 몸을 돌린다.

그러고는 화장실 앞에까지 내가 H의 두 팔을 잡고 끌고 가야 한다. 사람을 짐짝처럼 끌고 간다는 게 좀 민망하지만 다른 방법이 없다. 몇 걸음 안 되는 거리를 휠체어를 타고 이동하면 더 번거롭기 때문이다. 이부자리에서 휠체어에 앉기까지 드는 품도 만만치 않다. H를 안아서 휠체어 높이까지 일으켜 세워서 잠시 몸을 지탱한 채 좌석 높이와 엉덩이 높이를 맞추고 좌석 깊숙이까지 엉덩이를 밀어넣어 안정된 자세로 앉히는 일, 땀이 뻘뻘 난다. 그러니 방바닥을 무릎 썰매 타고 가는 게 편하다. 정말, H는 썰매를 타는 어린애마냥 표정이 밝다. 기나긴 밤이 지나고 아침이 와서 화장실에 갈 수 있다는 게 너무 행복하다.

그런데 화장실 입구에서 좌변기까지 두세 걸음 되는 거리를 이동하는 일이 만만치 않다. H는 걸을 수가 없으니 내가 안아서 걸음을 옮겨 변기에 앉혀 줘야 한다. H의 조언에 따르면, 이때 호흡을 잘 맞춰야 한다. 내가 무조건 H를 번쩍 안아서 옮기려고 해서는 안 된다. 그러면 허리를 삐끗하기 십상. 내가 H를 안아 일으켜 세웠을 때 바닥에 닿은 H의 발이 H의 몸을 최대한 지탱할 수 있도록, 그래서 H의 체중이 전적으로 나한테 쏠리지 않도록 해서 걸음을 옮겨야 한다. 즉, 내가 H를 안아서 옮기는 게 아니라, H와 내가 한 몸이 되어, 같이 걸음을 떼야 하는 것이다. 힘을 잘 합치고 배분하는 감각의 지혜가 필요하다.

이렇게 해서 H를 화장실에 데려다 주고 나는 다시 방으로 돌아와서 이불을 개고, 방 청소를 한다. 이리저리 흩어져 있는 물건들을 제자리에 정돈하고, 조그만 진공청소기로 방바닥에 떨어져 있는 머리카락들을 빨아들인다. 걸레를 가져와서 바닥을 닦는다. 서랍장 옆에 원두커피 내리고 남은 가루가 종이박스 뚜껑에 골고루 펴져서 담겨 있다. 이게 뭐야? 화장실에다 대고 내가 소리치면, 어 그거 커피향이 좋아서 방향제 하라고 오후 활보가 갖다 놓은 거야, 라고 H가 화장실에서 소리친다. 고지 점령을 앞둔 전우들이 산 너머로 대화를 하는 것 같다.

H는 변비가 있다. 똥을 오래 눈다. H가 똥을 누는 동안 나는 방 청소를 하고, 주방으로 가서 아침 식사 준비를 한다. 체험홈의 주방은 옆방의 친구들도 같이 쓰는 공동 공간이다. 주방에 활보 한 분이 다른 친구의 아침을 준비하고 있다. 이 분은 지금 자기가 활보하고 있는 장애인 친구가 자기를 '아줌마'라고 불러서 속상하다고 한다. 아줌마가 뭐야, 아줌마가! 난 엄연히 프로인데! 하긴, 그렇다. 나이 든 간호사를 우리는 아줌마라고 부르지 않는다. 그런데 왜 활보한테는 아줌마라고 하지? 일의 전문성보다 나이의 위계로 사람을 보는 태도가 문제이긴 하다. 그분은 나이를 떠나 새로운 일을 하고 싶은 건데 일하러 나와서도 일하고는 상관없는 습관적인 호칭으로 불리니 속상한 것이다. 원래는 활보를 '선생님'이라고 불러야 된단다. 활보 선생님. 아이구 그건 더 이상해. 뭐, 호칭이야 아무려면 어떤가.

화장실 다녀오고, 샤워를 하고 나니 개운 상쾌해졌다. H는 이제 아침밥을 먹으러 식탁 앞에 앉는다. 냉장고에서 열무김치, 깻잎 양념장에 절인 것을 꺼낸다. 오징어채를 고추장에 볶은 것도. 아침에는 따로 요리를 하지 않고 있는 반찬 꺼내서 간단하게 먹는다. 그래도 한 가지 정도는 따뜻한 반찬이 있어야 할 것 같다. 계란말이를 하기로 한다. 당근이 있으면 좋은데 파밖에 없네? 파를 잘게 다져 계란에다 넣고 휘젓는다. 후라이팬에 넓게 붓는다. 불을 약하게 해서 천천히 타지 않게 익히면서 롤을 만다. 그리고 도마에 놓고 먹기 좋은 크기로 썬다. 밥을 먹으면서 우리는 이런 저런 대화를 나눈다.

H의 팔에는 커다랗게 꿰맨 자국이 있다. 양쪽 팔뚝 안쪽 전체가 꿰맨 자국이다. 이거 왜 이래? 장난삼아 남의 상처 들쑤시는 악취미 같아 이렇게 묻는 게 조심스럽지만…… 난 궁금한 걸 못 참는 성미다. 어 그거…… 기차에 치여 수술한 자국이야. 맙소사…… 기차에 치인 사람이 내 앞에 있다니. 더구나 그런 엄청난 사실을 마치 남의 얘기인 양 아무렇지도 않게 말하는 H에게 나는 기가 막혔다.

일곱 살 때 H는 집에서 버려졌다고 한다. 집이 너무 가난해서 할머니가 H를 길에다 그냥 버렸다고 한다. H는 혼자 길을 헤매던 중 기찻길을 건너다 그만 기차에 치였다는 것. 안 죽은 게 기적이다. 다행히 기차 바퀴 밑에 몸을 웅크리고 있었는데 '이제 다 지나갔나?' 하면서 고개를 드는 순간…… 쾅 하고 그 다음 기억이 없다. 이때 H의 뇌가 크게 다쳐서 온몸의 신경근육이 마비된 것. 오그라붙은 온몸의 근육을 펴 보려고 여러 번 큰 수술을 했단다. 팔의 커다란 흉터는 바로 그 수술 자국인 것. 엄청난 수술비가 들었을 텐데 그 돈은 어디서? 어떤 미국인 부부가 H를 양녀로 들여서 돈을 대 주었단다. 이후 치료비까지. 정말 고마우신 분들이다. H는 성년이 될 때까지 병원에서 살았다. 침대에 누워 꼼짝할 수 없었다. 그러다가 열아홉 살에 장애인 보호 시설로 보내졌다. 시설에서 20년 넘게 살다가, 작년에 자립하겠다고 시설에서 나왔다.

한마디로, 파란만장한 삶이라고 하겠다. H가 살아 온 구구절절한 사연을 아침 활보 잠깐 온 내가 어찌 다 들을 수 있으랴. 다만 나는, 그 험난한 세상살이의 고비를 넘어 지금 나와 함께 앉아 있는 H가 너무나 소중하게 느껴진다. 죽을 고비를 여러 번 넘기면서 H가 여기까지 온 것은 세상에 꼭 해야 할 중요한 일이 있어서일 텐데, 내가 아침 활보를 함으로써 그 일의 일부에 잠깐이라도 참여하고 있다는 사실이 너무나 영광스럽게 생각되는 것이다.

현재 H는 정부에서 주는 기초생활 수급비로 생활을 하고 있다. 자립을 하려면 우선 살 집이 있어야 한다. 주거비 마련을 위해 H는 주택청약저축을 넣고, 수급비 받는 거에서 매달 반 이상을 저축하고 있다. 그래도 당분간은 혼자 힘으로 의식주 생활을 해결하는 것이 쉽지 않아 지금은 장애인 자립생활센터에서 운영하고 있는 공동주택에서 생활하면서 자립을 준비하고 있다. 그리고 야학에 다니면서 열심히 공부를 하고 있다. 야학에서 친구들, 선생님들을 만나면서 새로운 세상에 눈뜨고 있다. 며칠 후에는 검정고시가 있어 열공

중이란다. 근데 산수가 어려워 미칠 지경이라고. 아니 왜…… 야쿠르트 한 묶음 사 가지고 하나만 먹고 냉장고에 넣어 놨는데…… 열 개에서 하나 빠지면 아홉 개가 남아 있어야 하는데, 왜 여덟 개만 남아 있냐고요!

시험 잘 치라고 H에게 파이팅을 외치고 나는 체험홈을 나왔다. 그런데 H랑 헤어지고 제이랑 활동을 하다가 저녁에 귀가할 때쯤 되니까 이상하게 턱이 얼얼하다. 왜 이렇지? 생각해 보니…… 하루 종일 누룽지를 씹고 다녀서이다. H가 똥을 누는 사이, 시간이 남아서 뭘 할까 주방을 둘러보다가 냉장고에 식은 밥 남은 게 한 그릇 랩에 씌워져 있길래 그걸로 누룽지를 만들었다. 밥을 후라이팬에 얇게 펴서 약한 불에 노릇노릇하게 구우면 고소한 누룽지가 된다. 이걸 간식으로 부숴 먹어도 좋고, 물 붓고 숭늉을 끓여서 먹어도 된다. 그런데 H한테는 물어보지도 않고 만든 거라서 뭐라 그러면 어떡하지? 걱정을 했는데 다행히 H도 누룽지를 좋아한다고 한다. 더구나 오늘 아침은 자기 생일인데, 생일인 거 어떻게 알고 이렇게 훌륭한 요리를 준비했냐고 감탄한다.

뜻하지 않게 나는 H에게 생일선물을 하게 되었다. 생일선물이 누룽지라니…… 이건 뭔가 좀 이상하지만…… 누룽지가 정말 고소하다. H 입에 하나 넣어 주고 나도 한 개 먹고…… 와드득 와드득 누룽지를 부숴 먹는 생일날 아침. 활보 끝나고 갈 때 H는 나보고 집에 가서 먹으라고 누룽지를 좀 싸 가라고 한다. 그래서 누룽지를 한 주먹 싸 가지고 하루 종일 들고 다니면서 씹어 먹었더니…… 턱이 이렇게 얼얼한 것이다.

활보 마치고 저무는 해와 함께 집으로 돌아오는데 턱이 얼얼한 내 입에서 이상한 생일 노래가 흘러나왔다. 하늘 천 따 지 가마솥에 누룽지…….

가다 멈추다,
또 가다 멈추다

이번 주엔 활보하는 데 고생을 좀 했다. 제이의 휠체어가 길 가다 갑자기 꼼짝달싹을 안 해서 수동으로 밀고 다니느라 팔다리 근육이 땐땐하게 뭉쳤다. 제이의 휠체어는 4년 전에 정부에서 지원해 줘서 마련한 것이다. 6년 되면 새로 신청할 수 있다. 그런데 6년 되려면 아직 2년은 더 타야 하는데…… 올해 들어 부쩍 제이의 휠체어는 여기저기 탈이 자주 난다. 타이어가 닳아서 갈아야 했고, 밧데리도 수명이 다 됐다 그래서 갈았지, 충전기도 안 돼서 새로 샀지, 발판도 한쪽이 빠져서 바꾸고 하느라 돈이 엄청 깨졌다. 이번엔 컨트롤박스가 아예 작동이 안 된다. 컨트롤박스를 조정해서 운전을 하는 건데, 이게 작동이 안 되니 휠체어가 아예 움직이질 않는 것이다.

작업장 가는 길, 전철역 엘리베이터에서 내리려는데…… 어? 휠체어가 꼼짝도 안 한다. 왜 그래? 왜 안 내려? 엘리베이터 안에서 휠체어가 나간 다음에 나가려고 기다리던 사람들이 웅성거린다. 어? 이게 왜 이러지? 먼저들 내리세요. 그러고는 휠체어의 전동 장치 버튼을 이것저것 눌러 본다. 버튼에 불이 다 안 들어오고 빨간색, 노란색, 녹색 버튼이 깜빡깜빡 켜졌다 꺼졌다 한다. 어떻게 해야 할지 몰라 허둥거리다가 일단 뒷바퀴 옆의 밸브를 수동으로 돌려서 밀고 나온다. 휠체어의 무게도 만만치 않은데 여기 제이가 탔고, 제이의 가방과 내 가방 무게까지 합쳐지니 휠체어를 수동으로 밀고 가는 게 장난이 아니다. 끙 소리가 저절로 나온다. 입이 방정이라더니…… 휠체어에 짐 실으니 편하다고 까불거리고 다녔더니 너 고생 좀 해봐라 이건가? 흑!

전철역에서 작업장까지 평소 15분 정도 걸렸는데 전동이 아니라 수동으로 밀고 가자니 평소보다 시간이 배로 걸렸다. 보도블럭은 왜 이렇게 울퉁불퉁하고 깨진 틈새가 많은지. 그 틈새에 바퀴가 끼면 뒷바퀴 쪽의 발판을 살짝 밟아서 앞바퀴를 들어 올려서 빠져나와야 한다. 그런데 휠체어 무게가 있으니 이게 '살짝' 들어 올려져야 말이지. 시소 타듯 쿵 뛰어올라 뒷바퀴 쪽을 힘껏 눌러도 휠체어를 들어올리기에 내 몸무게는 너무 가볍다. 힘이 실리지 않는다.

뭐가 문제요? 길 가던 아저씨들이 와서 낑낑거리는 우리를 밀어 준다. 간신히 수렁(?)에서 빠져나온 바퀴는 다시 길을 가지만, 지면이 약간만 아래로 경사가 져도 제동 장치가 없으니 우루루 앞으로 몸이 쏠리면서 우리의 뜻과는 상관없이 엉뚱한 데로 휠체어가 굴러간다. 어어어 안 돼…… 나는 땅에 발을 거의 꽂다시피 질질 끌면서 휠체어를 멈추려고 안간힘을 쓴다. 땅을 질질 끌며 가는 내 모습이 마치 우스꽝스런 쟁기질 같다. 또 지면이 조금만 언덕이 져도 허리를 거의 직각으로 굽혀서 얼굴이 시뻘개지도록 용을 써서 밀어야 한다.

그래도 어찌어찌 해서 작업장 앞에까지는 왔는데 작업장 출입문 앞의 경사로가 절벽처럼 내 앞을 가로막는다. 계단 다섯 칸 정도의 높이에 설치된 경사로. 땅이 벌떡 일어서는 것 같다. 이미 나는 산 넘고 물 건너 지옥의 계곡(?)을 지나오느라 온몸이 후들거리는데 절벽 같은 경사로를 또 어떻게 지나간단 말인가! 휠체어를 밀고 가는 게 아니라, 휠체어 밑에 깔려 죽을 것만 같다. 수레바퀴 밑에서? 흑흑! 나는 재빨리 사무실로 뛰어들어가 동료들을 부른다. 헬푸미! 동료들이 휠체어를 함께 밀어 줘서 무사히 작업장 안에 들어가서 일을 할 수 있었지만…… 다음이 문제다. 집에는 어떻게 갈 것이며 내 일부터 활동은 어떻게 할 것인가. 빨리 휠체어를 고치지 않으면 안 된다.

우리는 작업장 일 마치고 콜택시를 타고 보장구센터로 갔다. 기사님이 보시더니 컨트롤박스가 노후해서 갈아야 한다고 한다. 그거 가는 데 얼마 하냐고 하니까 70만 원이라고 한다. 치일십만워어언? 이건 거의 중고 한 대 사는 값이다. 좀 싸게 안 되냐고 하니까, 그럼 우선 얼마 동안은 탈 수 있도록 부품 몇 개를 갈아 주겠다, 타다가 또 탈이 나면 그때는 정말 큰 맘 먹고 컨트롤박스를 바꾸라고 한다. 네에! 우리는 당장 큰 돈 안 들어도 된다는 사실에 환호했다. 우리는 멀리 내다볼 수가 없다. 우리에게는 언제나 '지금', '당장'이 문제인 것이다. 지금 당장 감당할 수 있는 비용으로 문제를 해결할 수 있다는 데 만족하고 우리는 흡족한 기분으로 집으로 돌아왔다. 또 문제가 생기면 그때 다시 생각하자.

그런데 문제는 바로 다음 날 발생했다. 휠체어가 또 안 움직이는 것이다. 우리는 모든 외출 계획을 취소하고 다시 보장구센터로 찾아갈 수밖에 없었다. 부품 바꿨는데 왜 또 안 움직이는 거죠? 이번에는 모터가 문제라고 한다. 모터도 수명이 다 됐다고 한다. 전반적으로 이 기계는 수명이 다한 것이다. 하지만 정부 지원금으로 다시 휠체어를 배급받으려면 아직 2년은 더 타야 하는데……. 모터 바꾸는 데 얼마나 들죠? 30만+30만=60만 원. 휠체어 모터는 두 개다. 이걸 바꾸자면 60만 원이 든다고 한다. _끄으응……_ 제이에게는 당장 그 돈이 없고, 월급 타서 모으려면 적어도 석 달은 모아야 한다. _끄으응……_ 한숨만 내쉬는 우리들에게 기사님은 이렇게 말씀하신다.

— 기계가 다 됐다. 모터 바꾼다고 해도 딴 데 또 어떻게 탈이 날지 모른다. 휠체어 바꿔라. 우선은 모터 안에 먼지 낀 거 닦고 기름 치고 해서 얼마간은 더 탈 수 있도록 해주겠다. 그동안 대책을 마련해라. 뭐 그렇게 해서 일 년을 더 타는 사람도 있기는 하다.

마치 다 죽어 가는 사람 산소호흡기로 며칠 더 수명을 연장해

주겠다는 얘기 같다. 그동안 지인들 불러 인사라도 나누라는 호의 앞에서 우리는 일단, 알았다고 하고 그렇게 해달라고 했다. 다른 방법이 없는 것이다. 이건 제이 혼자 해결할 수 있는 문제가 아니다. 부모님과 의논을 해야 한다. 모터를 바꾼다고 해도, 휠체어를 새로 마련한다 해도 제이 형편으로는 감당할 수 없는 돈이 들기 때문에 부모님의 도움을 빌려야 한다.

그런데 집에 돌아와서 부모님과 의논해 본 결과, 뜻밖의 해결책이 마련되었다. 제이네 집 창고에 휠체어 한 대가 더 있다는 것이다. 정부에서 사 주는 휠체어 타기 전에 제이가 타던 휠체어. 고등학교 졸업할 때 할머니가 졸업 선물로 사 주신 것이다. 그게 창고에 보관돼 있었다. 몇 년 타지 않은 거라 기계는 멀쩡하다. 하지만 10년 가까이 쓰지 않고 창고에 보관돼 있었으니 기계가 녹이 슬어 작동이 제대로 될지 걱정이다. 기계라는 게 쓰면 닳지만 쓰지 않으면 삭으니 말이다. 어쨌거나 다행이다. 갑자기 목돈을 들여 새 휠체어 살 형편이 못 되는데 예전 거라도 탈 수 있게 되었으니 말이다. 제이는 정부 지원금 나올 때까지 2년간은 창고 안의 휠체어를 꺼내어 손봐서 다시 타기로 했다.

창고에서 새(옛날) 휠체어를 꺼냈다. 좀 웃기다. 새 휠체어가 옛날 휠체어라니. 나는 첫눈에 이, 새 옛날 휠체어에 호감을 느꼈다. 차가운 쇳덩이가 아니라 곤경에 빠진 우리를 도와주러 온 다정한 친구를 만난 느낌. 색깔이 약간 청동빛이 난다. 창고에 오래 있어서 녹이 슨 걸까? 아니다. 제이네 엄마가 지난 밤새 기름 걸레로 반짝반짝 닦아 놓은 새 옛날 휠체어는 전혀 녹이 슬지 않았다. 쇠 자체에서 약간 청동빛이 난다. 크기가 지금 타고 있는 것보다 약간 작지만 몸에 딱 맞다. 몸체가 다부지고 좌석도 편하다. 작동이 간단하고 튼튼한, 참으로 믿음직한 친구 같은 이 휠체어에 나는 단번에 호감을 느꼈다. 이렇게 멀쩡한 애를 제이는 왜 창고에 넣었을까? 새 거 생기니까 그냥, 별 문제는 없지만 안 쓰게 된 것 같다. 진국인 애를 못 알아보고 조잡한 애랑 다니다 실컷 고생만 하고 이제야 옛 친구의 진가를 알아보게 된 건가? 옛 친구는 10년 동안 창고에 처박혀 있던 터라 제대로 작동이 될지는 점검을 받아 봐야 한다. 보장구센터에 갔더니 다른 데는 이상이 없고 밧데리만 갈면 된다고 한다.

— 이게 더 좋은 건데 왜 그동안 싸구려를 타고 다녔어요?

— 복지관에서 새로 줘서요.

— 아 그러게 그 자식들은 정부에서 돈 받아서 싸구려 물건 나눠 주고 중간에 지들이 뜯어먹는다니깐! 다음엔 그따위 엉터리 중간다리 거치지 말고 직접 사요.

이렇게 해서 제이는 마침내 새 옛날 휠체어를 타게 되었다. 그런데 사람도 기계도 새로 호흡을 맞추기 위해서는 얼마간 몸살을 치러야 하나 보다. 기계 점검 받고 기름칠 반짝반짝 하고 밧데리도 새로 갈고 해서 설레는 마음으로 첫 시승을 하려는 찰나…… 펑! 하고 컨트롤박스가 터져 버렸다. 컨트롤박스 내부의 전기선이 합선이 됐는지 치익 하고 전기선 타는 냄새가 났다. 그러고는 휠체어가 멈춰 버렸다.

  —아니, 얌전하게 생긴 아가씨가 대체 왜 이렇게 기계를 험하게 쓰는 거야?

일주일 내내 휠체어에 매달려 진이 빠진 나는 엉뚱하게도 제이에게 화를 냈다. 마치 제이 손이 거칠어서 6년 쓰라는 기계를 4년 만에 작살내고, 또 멀쩡하게 고쳐 놓은 기계를 금방 망가뜨렸다는 듯이. 제이는 어리둥절한 표정으로 나를 쳐다봤다. 우리는 다시 보장구센터로 갔다. 이번 주에 도대체 콜택시 요금 낸 것만 해도 얼마야? 택시비 내가 낸 것도 아니면서 나는 투덜거렸다. 제이는 정말, 자기에게 기계를 사랑하는 마음이 없어서 자꾸 고장이 나나 보다고 의기소침해진다.

  —요즘 내가 너무 해이해졌나 봐. 복지 일자리 지루하다, 딴 거 재미있는 일 하고 싶다고 복에 겨운 투정만 하고 있었으니. 그나마 내가 안 움직여 주면 넌 꼼짝 못하지 않느냐고 기계가 나 정신 차리라고 가르치는 것 같아.

이번 주 내내 휠체어 고치느라 다른 일 하나도 못한 사태를 제이는 그렇게 받아들인 모양이다. 하지만 이젠 정신 차려서 일 열심히 해야지 마음먹었는데…… 펑! 또다시 모든 게 원점으로 돌아가고 말았으니 제이는 그저 울고 싶은 심정이다. 그래도 휠체어를 포기할 순 없다. 그것은 생활을 포기하는 것이다. 이번 주는 이렇게 지났지만 다음 주엔 무슨 일이 있어도 휠체어가 제대로 움직여 줘야 한다. 왜냐하면 다음 주엔, 다음 주엔…… 선보러 가기로 했기 때문이다!

이번에 지체장애인협회에서 '솔로탈출 119'라는 장애인 맞선 프로젝트를 추진한다. 평소 결혼에 지대한 관심이 있는 제이가 이 멋진 기회를 어찌 놓칠 수 있으랴. 거의 1등으로 행사 참여 신청을 해놓고 디데이만 기다리고 있는데 휠체어가 움직여 주지 않는다면…… 도대체 제이더러 처녀귀신으로 늙어 죽으라는 말인가? 그럴 수는 없다. 빨리 휠체어를 고쳐서 다음 주부터는 힘차게 새 운명의 바퀴를 굴려야 한다!

컨트롤박스 교체하는 데 70만 원이라고 한다. 아저씨 돈 없어요…… 우리는 길게 말할 힘도 없었다. 그럼 새로 사지 말고 쓰던 부품으로 조립해 줄 테니 2년 동안 조심해서 쓰고 그동안에 혹시라도 문제가 생기면 언제든지 와요. 컨트롤박스 조립하는 데 10만 원. 네…… 아저씨 그렇게 해주세요…… 우리에겐 다른 선택의 여지가 없는 것 같았다.

월급 탄 지 며칠 지나지도 않았는데 휠체어 수리비로 돈을 다 쓰고 통장은 바닥 상태. 빈털터리가 되어 우리는 버스 서너 정거장 거리의 전철역까지 걸어갔다. 나는 으슬으슬 몸이 추워 오기 시작한다. 어제 빗속에서 생짜로 휠체어를 밀고 다녔더니 감기 몸살이 오려나 보다. 미련 떨어 병 키우지 말고 빨리 감기약 사 먹으라고 제이는 말한다. 아직 여름 샌들을 신고 있는 제이의 맨발도 약간 추워 보인다. 이렇게 여름이 가는 건가. 해가 짧아져서 며칠 전까지만 해도 날이 훤할 시각인데 하늘이 어두워진다.

어두워지는 거리를 함께 가면서 제이는 이번에 개봉한 임창정 영화 얘기를 한다. 제이는 임창정의 열렬한 팬이다. 이번에 임창정이 나오는 영화가 개봉을 했다. 영화 개봉되기 한참 전부터 제이는 이 영화를 목이 빠지게 기다렸다. 물론, 개봉하자마자 달려가서 영화를 봤다. 그러고는 사람들 만나면, 그 영화 봤어? 어머 그 영화를 왜 아직 안 봤어? 빨리 가서 봐야지…… 하면서 시키지도 않은 홍보 대사 노릇을 한다. 그런데 가족들도 친구들도 제이 주변에 임창정 좋아하는 사람은 아무도 없다. 다들 관심이 없어서 결국 그 훌륭한 영화를 제이 혼자 가서 봐야 했다.

─영화 혼자 보는 것도 괜찮더라구. 훨씬 더 몰입해서 볼 수가 있어. 이번에 창정이 오빠가 새로운 모습을 보여 줬어. 그동안 코믹한 연기만 했는데, 이번엔 정말 진지하고 카리스마 넘치는 모습이었어!

제이는 감격해서 말했다. 그러고는 매일 관객 수를 확인하고 네티즌 평가를 읽어 보면서 흥행 대박을 기원하고 있다. 도대체 임창정의 뭐가 좋다는 건지, 영화가 흥행에 성공한다고 해서 제이에게 무슨 이익이 있다고 마치 영화사 영업사원처럼 홍보를 하고 다니는 건지 나는 도무지 제이를 이해할 수가 없다. 나는 다만 배가 고플 뿐. 임창정도 배가 고파서 영화를 찍은 거겠지?

해가 저물어도 우리의 시련은 끝나지 않았다. 집으로 돌아가는 길에 다시 문제가 발생했다. 전철 갈아타는 환승역에서 휠체어가 다시 멈추어 버렸다. 컨트롤박스에 깜박깜박 고장 신호 불이 깜박이더니 전철 갈아타려고 전동차에서 승강장으로 내리자마자 휠체어가 멈춰 버렸다. 아무 생각이 안 난다. 제이를 집에 데려다 주고 나는 공부하러 가야 하는데. 더구나 오늘은 기말시험이어서 늦으면 안 되는데. 이렇게 또 길바닥에 주저앉아 버렸으니 나는 어떻게 하나. 나는 차분한 목소리로 보장구센터에 전화를 한다. 아저씨 여기로 와 주세요. 그리고 콜택시를 부른다. 제이를 내가 집에까지 데려다 줄 시간은 없다. 제이 때문에 내 공부를 포기할 수는 없다. 보장구센터 아저씨 오시면 휠체어 고쳐서 콜택시 타고 집에 혼자 가. 나는 서늘한 목소리로 말한다. 위기 상황이 되면 이상하게 나는 냉정해진다.

―맞아. 여기 뭉개고 있으면 다 늦어. 빨리 공부하러 가. 난 여기서 아

저씨 기다려서 휠체어 고치고 택시 타고 갈게.

제이는 이렇게 말하면서 내 등을 밀었지만 내 마음이 편하지가 않다. 아저씨는 언제 오실지. 오신다고 휠체어를 고칠 수 있을지. 퇴근 시간이라 차가 밀릴 텐데 콜택시는 또 언제 올지. 그동안 전철역 안에서 꼼짝 못하고 혼자 기다려야 하는 제이를 생각하니 차마 발이 떨어지지 않는다. 그래서 가지도, 있지도 못하고 초조하게 서성거리고 있는데 저쪽에서…… 누가 제이를 부르며 다가온다.

— 어머, 너 여기 웬일이야?

학교에 같이 다녔던 제이의 오랜 친구이다. 어머 어머! 니가 여기 웬일이니? 제이는 마치 구세주를 만난 듯 반가워한다. 그리고 자기가 지금 길바닥에 주저앉은 구구절절한 사연을 마치 영화 본 얘기처럼 신나게 늘어놓는다. 정말, 구세주가 따로 없다. 막막한 상황에 옆에 함께 있어 주는 사람이 구세주다. 아저씨가 안 와도, 휠체어를 못 고쳐도, 콜택시가 언제 올지 몰라도…… 친구랑 신나게 수다를 떨고 있는 제이를 보면서 나는 비로소 안심을 한다. 집에 도착하면 문자 줘, 하면서 나는 허둥지둥 전철을 타러 달려간다.

맞선
프로젝트

"선생님, 추워요. 안아 주세요!"

제이는 초등학교 4학년 때 담임이었던 총각 선생님을 좋아했다. 키크고, 핸섬하고, 똑똑하고, 다정하신 선생님이 제이의 첫사랑이었던 셈. 매일 써야 했던 일기 숙제는 제이의 연애편지로 채워졌다. 선생님, 하늘의 구름이 너무 예뻐요. 선생님, 눈이 오면 왜 내 마음은 들판을 향해 달려가나요. 같은 반 친구들이 우우 야유를 보내면 얼굴이 약간 붉어진 선생님은 이렇게 말씀하셨다. 자자, 애들아 괜찮아. 니들 나이 땐 누구나 좋아할 수 있어. 선생님을 좋아하는 건 자연스러운 거야. 제이는 좀 조숙했다고 할 수 있다. 그건 학교를 몇 년 늦게 들어간 탓에 동급생보다 나이가 많았기 때문이기도 하지만 제이는 자신의 영혼이 성숙해서라고 생각한다.

그러나 학교를 졸업하고 제이는 통 사람들을 만날 기회가 없었다. 일요일에 교회에 가서 예배를 보는 것이 거의 유일한 외출이었다. 이렇게 십 년 가까이 집에서 혼자 지내다가 정부에서 제공하는 활동보조서비스를 받으면서 제이는 처음 세상구경을 하게 되었다. 밀알 모임에도 나가고, 취업 준비를 위해 학원에 나가 컴퓨터도 배웠다. 동네 슈퍼가 아니라 차 타고 나가서 쇼핑도 하고, 미술관이나 박물관 전시도 보고, 남이섬에 여행도 갔다. 최근에는 복지 일자리 근무도 하고, 장애인 인권강사 양성 아카데미에서 공부도 한다. 제이는 지금 서른 살이지만 사회생활을 시작한 지는 몇 년 안 된다. 제이는 세상에 대해 궁금한 게 너무 많고, 이것저것 해보고 싶은 것도 많다. 그저 해보는 것에서 그치는 것이 아니라 분명한 자기 자리를 찾아 자신의 몫을 하면서, 어른이 되어 살고 싶다. 누나는 도대체 뭐 하는 거야? 하는 일이 뭐가 있어? 이렇게 맨날 자기를 무시하는 동생에게 "난 이런 일을 한다"고 떳떳하게 말할 수 있었으면 좋겠다. 그래서 열심히 일도 하고, 공부도 하고, 시도 쓴다. 많은 활동 중에서 제이가 가장 하고 싶은 것은 '연애'다.

매일 아침 어머니가 제이의 머리를 빗겨 주신다. 어떤 날은 앞머리만 핀을 꽂아서 웨이브가 출렁이는 머리를 해 주시고, 또 어떤 날은 단정하게 한 묶음으로 묶어 주시기도 한다. 어머니는 어디를 가든 제이가 소중하게 돌보는 손길 속에 있다는 걸 느끼게 해 주신다. 그런데 어머니는 요즘 부쩍 제이의 나이를 들먹이신다.

―너도 이제 서른이 되었구나. 여자 나이 서른이면 '계란 한 판이 넘

어가는' 나이가 아니냐(계란 한 판에 달걀이 서른 개라고 한다). 내가 언제 까지 니 머리를 빗겨 주어야 하니……

제이도 이제 엄마 품을 떠날 때가 된 것이다. 엄마 품을 떠나 씩 씩하게 자기의 삶을 사는 것. 자립을 하는 것. 그러나 제이에게는 아 직 그 일이 멀게만 느껴진다. 내 힘으로 밥벌이를 하는 것. 짝을 만나 가정을 이루는 것. 두 가지 다 부딪쳐 볼수록 쉬운 일이 아니란 걸 절감하게 된다. 그런데 이번에 제이는 짝을 찾을 좋은 기회를 만났 다. 지체장애인협회에서 맞선 프로젝트를 진행한다는 것이다. 뭐? 그게 어떤 거지? 제이는 마음이 들떴다. 아침 일찍부터 일어나 제이 는 아껴 두었던 옷을 꺼내 입었다. 어머니는 평소보다 오래 제이의 머리 매무새를 단장해 주셨다. 옆머리를 땋아서 뒤로 살짝 반짝이 나비핀을 꽂아 주셨다. 뒷머리는 얼마 전 새로 파마를 한 웨이브가 우아하게 드리워지도록 드라이를 해주셨다. 얼굴에 곱게 분칠도 하 고 은은한 살굿빛 립스틱도 바르고 해서 제이는 마침내 설레는 외 출에 나섰다.

행사는 미혼 남녀 스무 쌍 정도가 참여해서 여러 가지 게임을 하면서 자신을 드러내고, 마음에 드는 사람을 골라 짝을 정하는 이 벤트였다. 시작할 땐 남자 스무 명, 여자 스무 명인데 게임이 끝나면 그 중의 몇 쌍은 커플이 된다. 게임을 하는 중간 중간에 호감이 가는 이성에게 스티커를 붙여 주고, 최종적으로는 메모지에 마음에 드는 사람 1순위, 2순위, 3순위 해서 세 명을 적으면 그게 쌍방이 통했을 때 커플이 탄생하는 것이다. 빼빼로 게임, 풍선 안아서 터뜨리기, 퀴즈 대회. 이런 게임을 통해 낯선 파트너와 호흡을 맞춘다. 사회자가 게임 진행하면서 참가자에게 다가가 말을 건다. 이것저것 질문을 해서 대답을 하는 동안 그 사람의 매력이 한껏 빛나도록 한다.

평생 같이 살아도 사람의 속은 알 수가 없는 법인데 어떻게 처음 만난 사람과 단 몇 시간 같이 있어 보고 짝을 찾을 수가 있을까. 하지만 이 행사의 몇 시간은 몇 년, 몇 십 년을 같이 산 것과 비슷한 밀도를 가지는 것 같았다. 참가자들 모두 기필코 운명의 짝을 찾고야 말겠다는 집념으로 게임에 올인했다. 원래는 여자 남자 숫자가 같아야 하는데 여자 수가 좀 모자라서 남녀 짝을 지어야 하는 게임에 남자들만 두 명 짝이 되는 경우도 있었다. 이때 짝이 없는 남자들도 실망하는 기색 없이 게임에 열중했다. 상품이라도 타야 한다는 열의로 수염 난 턱이 맞부딪치는 사태도 피하지 않았다.

활보는 행사에 참여할 수 없고 뒤에서 지켜보기만 해야 한다. 하긴, 내가 옆에 있으면 제이는 신경이 쓰여서 짝을 찾는 활동이 오히려 불편할 것이다. 과감하게 자신을 표현하지 못하고 소심하게 움츠리게 될지도 모른다. 마음에 드는 사람이 있어도 다가가는 데 주춤하게 될지도 모른다. 그런데 만약 제이가 마음에 드는 짝을 찾아 연애를 하게 된다면, 그때 활보는 어떻게 해야 하지? 우리는 활동을 같이 하는 관계인데 연애 활동은 어떻게 같이 할 수 있을지. 내가 키스를 대신해 줘야 하나? 이런 쓸데없는 생각을 하면서 뒤에서 보니까 제이는 완전 흥분해서 표정이 들떠 있다. 사방에 남자들로 둘러싸여 있다. 남자들이 일제히 제이에게 경탄을 눈빛을 보낸다. 아가씨 정말 아름다우시네요! 호감이 가는 사람들에게 붙여 주도록 되어 있는 스티커를 남자들이 제이 가슴의 이름표에 붙여 준다. 제이의 이름표에는 이미 많은 남자들이 붙여 준 스티커로 빈틈이 없다. 제이는 마치 뭇남성들에게 한꺼번에 청혼의 꽃다발을 받은 듯 황홀한 표정이다. 뒤에서 보니까 제이는 그야말로 한 송이 아름다운 꽃처럼 이벤트의 주인공이 된 것 같다.

마침내 게임의 시간은 끝나고, 마지막 순서로 가장 마음에 드는 사람 이름을 종이에 적어서 발표하는 시간이다. 제이도 1순위, 2순위, 3순위 남자를 정했다. 제일 마음에 드는 사람은 맞은편에 앉았던 앳된 청년. 점자 만드는 일을 한다는 청년이다. 표정이 밝고 반듯해 보여서 좋다. 두번째는 제이 바로 옆에 앉았던 남자. 스티커 붙이는 종이를 가슴에 달아야 하는데 제이는 혼자 그걸 달 수가 없다. 이때 옆에서 제이 옷에 종이를 달아 주었던 남자. 다정한 사람이라 호감이 갔다. 세번째는 저쪽 테이블에 있는, 약간 멀리 있는 남자인데 제이가 보기에 게임에 가장 열정적으로 참여했던 사람이다. 짝이 없어 남자끼리 빼빼로 먹기를 해야 했던 때에도 실망하는 기색 없이 플레이를 했던 남자. 동성의 파트너에게도 서슴없이 다가가 둘 사이에는 남은 빼빼로가 거의 없었다. 이 사람의 열정에 제이는 감동했다. 이렇게 세 명의 남자 이름을 적은 메모지를 행사 진행자에게 넘기고 제이는 결과를 기다렸다. 두근두근…… 그도 나를 찍었을까?

그러나 청실홍실 연분을 맺어 주는 월하노인은 이번에 제이와 함께하지 않은 것 같다. 사회자가 다섯 쌍의 커플을 발표하는데…… 거기에 제이의 이름은 없었다. 짝이 맺어진 다섯 쌍의 커플은 모두의 축하를 받으며 다른 곳으로 데이트를 하러 떠났다. 어머 저 남자. 내가 찍은 저 남자가 저 멍청이 같은 여자를 찍다니. 저 여자는 새침하게 내숭만 떨더니 어쩜 저 여자가 저 남자를 찍었어? 저 여자는 게임 시간 내내 그렇게 나대더니 결국 짝을 찾는구나…….

참가자 전원에게 주는 머그컵을 받아 들고 혼자 쓸쓸히 행사장을 나와야 하는 제이의 심정은 씁쓸하다. 그 많은 남자들이 모두 나만을 사랑하는 것 같았는데 어째서 내가 찍은 세 명의 남자들은 모두 나를 외면한 거지? 제이는 속이 상해 죽을 것만 같다. 짝을 찾는 일이 어디 그리 쉬운가. 이렇게 이벤트 한 번으로 그게 된다면 세상에 결혼 못할 사람이 어디 있겠는가. 이렇게 나는 제이를 위로한다. 그래도 제이는 영 분이 안 풀리는지 씩씩거리며 나에게 이렇게 말한다.

─하긴…… 마흔 넘도록 시집 못 간 언니도 있는데 내가 힘내야지. 그래도 속에 열불이 나 죽겠어. 우리 시원한 팥빙수나 한 사발 먹고 가자!

연극적인,
너무나 연극적인

"안녕, 가을이야!"

제이는 일주일에 한 번 밀알 모임에 나간다. 밀알은 장애인 선교 모임이다. 여름에는 정기 모임이 없다가 가을이 되어 오랜만에 다시 만난 친구들에게 제이는 반갑게 인사를 한다. 어, 안녕. 근데 뒤에 뭐라고 한 거야? 친구들은 제이가 "안녕"이라고 한 뒤에 "가을이야"라고 한 말을 못 알아들었다. 응, 가을이라구. 친구들은 여전히 못 알아듣는다. 제이 쪽으로 몸을 바짝 붙여서 다시 묻는다. 뭐, 라, 구? 응…… 가, 을, 이, 라, 구우……. 제이는 손발을 파닥거리면서 온몸으로 외친다. 그래도 친구들은 못 알아듣는 것 같다. 눈을 동그랗게 뜨고 고개를 갸우뚱 한다. 결국 내가 나서서 제이의 말을 친구들에게 전해 준다.

　　제이는 발음이 정확하지 않다. 발음기관의 근육이 경직되어 활동이 원활하지 않기 때문이다. 그러나 내가 보기에 오랜만에 만난 친구들이 제이의 말을 못 알아들은 것은 제이의 발음 때문이 아닌 것 같다. 안녕 여러분, 아름다운 밤이에요. 무대 위에서 반짝이 드레스를 입고 연기하는 여배우처럼 제이의 몸짓에는 어딘가 모르게 약간 비일상적인, 연극적인 요소가 있다. 그게 오랜만에 만난 친구들에게 낯설게 느껴진 것 같다.

밀알 모임에 나가는 게 처음에 나는 약간 불편했다. 예수천국 불신지옥, 하면서 나한테 교회 다니라고 강요할까 봐서 무서웠다. 그런데 지금은 편안해졌다. 박자 맞춰서 '아멘' 기도도 잘한다. 예배 시간에 제이 옆에서 성경책 책장을 넘겨 주고, 찬송가도 곧잘 따라부른다. 피곤하면 예배실 옆에 있는 작은 방——기도실에 가서 엎드려 잔다. 밀알 모임은 예배와 나눔의 시간이다. 예배는 기도와 찬양, 그리고 목사님의 말씀을 함께 듣는 시간이다. 나눔은 예배 시작 전에 저녁을 같이 먹는 '밥상 공동체' 활동과 예배 끝나고 '목장 모임'이라고 해서 모둠별로 성경 구절을 함께 읽고 토론하는 활동을 말한다. 물론, 이 중에서 내가 가장 좋아하는 시간은 밥상 공동체——저녁 같이 먹는 시간이다.

밀알의 밥은 너무 맛있다. 내가 평소 집에서 혼자 먹는 밥이란 게 부실하기 짝이 없다. 바쁘다는 핑계로 라면으로 때우기 일쑤. 혹은 기본 반찬 몇 가지 냉장고에서 꺼내서 찬물에 후루룩 밥을 말아 먹는 때가 많다. 밖에서 사 먹는 밥은 비쌀 뿐만 아니라 입맛만 요란하지 속이 든든하지 않다. 그런데 밀알의 밥상은 언제나 정성이 가득하다. 금방 해서 찰지고 고슬고슬한 밥. 장 속의 잡다한 찌꺼기를 씻어 주는 구수한 우거지 된장국. 집에서는 좀처럼 해먹기 힘든 정갈한 나물 무침들. 맛깔진 양념장에 버무린 도토리묵. 싱싱한 겉절이. 오늘은 디저트로 과즙이 시원한 배가 나왔다. 야 배가 나왔어! 뭐? 누구 배가 나왔다는 거야? 둘러앉아 함께 밥을 먹는 사람들 사이 유쾌한 수다꽃이 핀다.

오늘 밀알 모임에선 추석을 맞이하여 송편을 함께 빚기로 했다. 예배 끝나고 모여서 미리 준비한 커다란 반죽을 몇 덩어리로 나눠서 대여섯 명씩 한 팀이 되어 송편을 만드는 것이다. 누구 송편이 제일 예쁜가 보자. 사람들은 소매를 걷어올리고 반죽에 달려들어 각자의 솜씨를 뽐낸다.

제이는 손을 자유롭게 움직이지 못한다. 하지만 왼손은 조금 움직일 수가 있다. 손가락을 정교하게 움직이진 못하는데 주먹을 반쯤 쥘 수가 있다. 이 왼손으로 제이는 휠체어 손잡이를 잡고 운전을 한다. 송편을 예쁘게 빚으면 '이쁜' 딸을 낳는대. 제이도 예쁜 딸을 낳고 싶다. 제이는 커다란 반죽 덩어리에서 반죽을 조금 떼어 왼손으로 조물조물 주무른다. 이렇게 하면 반죽이 더 찰지게 되어 송편이 뭉개지지 않고 제 모양을 잘 유지할 수 있다. 그런데 제이는 주먹이 꼭 쥐어지지 않으니까 반죽이 야무지게 안 된다. 그래서 주먹 반죽을 어느 정도 한 후에는, 반죽을 식탁 위에 놓고 굴린다. 식탁과의 마찰력으로 반죽의 점성을 높이는 것이다. 그러면 이걸 내가 받아서 납작하게 눌러 홈을 만들어서 설탕과 깨를 섞은 소를 넣고 반죽을 오므려 붙인 후 모양을 만든다. 어떤 모양이 좋을까. 보름달? 반달? 주머니 모양? 제이는 갸름한 반달을 좋아하지만 난 푸짐한 보름달을 좋아한다. 모양 만드는 건 내 손이 하기 때문에 우리가 같이 만든 송편은 보름달이 된다.

그런데 옆에 있는 C가 만든 송편은 속이 자꾸 터진다. 반죽을 다시 해서 속을 넣어야 하는데 큰 반죽에서 뗀 거 그대로 속을 넣으니 이게 반죽이 찰지지가 않아서 속에 들어 있던 설탕, 깨가 자꾸 밖으로 터져 나오는 것이다. 깨가 쏟아지네! C는 황급히 속이 벌어진 반죽을 주먹에 쥐고 공처럼 뭉친다. 그러고는 다시 모양을 만들려고 하는데 손놀림이 어눌해서 모양이 잘 만들어지진 않고 너무 오래 주무른 탓에 결국 폭탄처럼 터져 버린 송편 앞에서…… 앙, 반죽이 잘못됐어! C는 자신의 요령 부족을 반죽 탓으로 돌린다. 뭐 어때, 그래도 들어갈 거 다 들어갔으니 다시 뭉쳐서 쪄 놓으면 맛있어. 나는 자폭해 버린 송편을 수습하며 C를 위로하지만 C가 만든 송편을 제이는 절대 안 먹을 것 같다. 제이는 암만 맛있어도 이상하게 생긴 거는 안 먹는다. 그런데…… 뜻밖에도…… 폭탄 송편을 물끄러미 쳐다보더니 제이는 이렇게 말하는 것이 아닌가!

—속이 터진 송편을 어떻게 먹느냐고? 믿음으로 먹지!

사람들이 깜짝 놀란다. 그렇구나…… 추석을 맞이하는 데도 신심이 필요한 거로구나…… 이거 송편이야, 믿어!

한편, P는 시각장애인이다. 앞을 전혀 못 본다. 나는 P가 화장실에 갈 때 팔짱을 껴서 화장실 문 앞에까지 데려다 준 적이 있다. P는 천사의 목소리를 가지고 있다. 그래서 현재 선교회의 중창단으로 활동하면서 사람들에게 아름다운 노래 선물을 하고 있다. 앞이 안 보이는 P는 어떤 모양의 송편을 만들까? P가 만든 송편은 독특했다. 다른 사람들이 만든 송편은 조금씩 모양이 다르긴 해도 대체로 '둥근' 모양의 범주에 속한다. 송편은 달 모양으로 만들고, 달은 둥글다. 우리는 대체로 이런 공통 감각을 가지고 있는 것이다. 그런데 P가 만든 송편은 네모 모양이었다. 그리고 가운데를 손가락으로 꾹 눌러서…… 뭐랄까…… 약간 추상적인 나비 모양이었다. 이것도 송편인가? 수군거리는 사람들 속에서 이 테이블 저 테이블 돌아다니며 송편 찐 거 먹어 보고 품평을 해주시던 목사님이 이렇게 말씀하신다.

─그래 너는…… 눈에 뵈는 게 없다, 이 말이지? ^^

속이 터진 송편이나 나비 모양의 송편이나 형태를 분명히 알 수 없는 울퉁불퉁한 모양의 송편이나 커다란 솥에 쪄서 김이 무럭무럭 날 때 함께 둘러앉아 먹으니 다 맛있다. 지난 주 맞선 프로젝트에서의 불운 때문에 의기소침해 있던 제이는 오늘 밀알 모임에 와서. 웃고 떠들고 손에 가득 반죽을 묻히며 송편을 만드는 동안 기분이 좋아졌다. 추석은 정말 좋은 날이로구나!

모임 마치고 집으로 돌아가는 길, 거리의 어떤 카페 앞에서 제이는 사진을 한 장 찍어 달라고 한다. 테라스가 예쁜 카페다. 하늘색 목책이 둘러져 있고 창틀이 노란색이다. 무채색의 배경 속에 한 장의 색깔 선명한 그림 같다. 제이는 이 카페 앞에서 포즈를 잡는다. 오늘 제이는 가을을 맞이하여 새로 산 티셔츠를 입고 왔는데 아무도 제이의 이 새로운 패션에 주목해 주지 않았다. 제이는 그 허전함을 사진을 찍는 것으로 달랜다. 카메라의 렌즈는 제이가 만든 상상의

출구이다. 이 상상의 출구를 향해 제이는 미지의 존재와 만난다. 렌즈가 찰칵 열리는 순간, 아무도 주목해 주지 않는 제이의 존재는 미지의 어떤 시선에 찬탄을 받는 것 같다. 노란 줄무늬 티셔츠가 잘 보이게, 그리고 뒤의 카페 배경과 잘 어울리게 사진 예쁘게 찍어 달라고 말하는 제이의, 턱을 살짝 들어 도도한 표정! 흐그…… 이게 여배우들이 하는 짓이 아니고 뭔가 말이다.

—안녕 여러분, 아름다운 가을날이에요…… 찰칵!

밥그릇
싸움

며칠 전, 제이는 전화를 한 통 받았다. 일자리 구하지 않느냐. 여기 와서 같이 일해 볼 생각 없느냐. 안 그래도 다음 주면 복지 일자리 근무가 끝나서 일자리 새로 알아봐야 하는데 잘 됐다며 우리는 기대에 들떠 면접을 보러 갔다.

사무실은 어떤 아파트 단지 내 상가 건물 1층에 있었다. 그곳은 최근 새로 설립한 장애인 자립생활센터라고 한다. 책도 내고 여러 가지 문화 행사도 하는 단체라고 한다. 사무실에는 '소장님'이라는 여자분이 우리를 기다리고 있었다.

저기 커피 있으니 타서 드세요. 소장님이 말했다. 나는 포터에 물을 끓이고 믹스커피 두 봉을 뜯었다. 종이컵에 제이 한 잔, 나도 한 잔 커피를 타서 마셨다. 제이를 사무실의 응접 테이블에 앉게 하고 나는 사무실 한쪽 구석에 앉았다. 가방에서 책을 꺼내 읽으며 제이 면접이 끝날 때까지 기다릴 요량이었다. 그런데 소장님이 제이랑 단둘이만 얘기하고 싶다고 했다. 나보고 나가 있으란 소리다. 이런 경우가 지금까지는 없었기 때문에 순간적으로 나는 약간 당황해서 어쩌지? 하는 눈빛으로 제이를 쳐다봤다. 제이는 나가서 기다려 달라고 말했다.

나는 사무실을 나와 아파트 단지 사이를 배회하며 제이의 면접이 끝나기를 기다렸다. 여름이 지나고 가을도 깊어 가는지 목에 와 닿는 공기가 선득하게 느껴졌다. 주차장 언덕 너머로 해가 지고 있었다. 진흙길에 난 바큇자국 같은 구름에 노을빛이 붉게 물들어 가고 있었다. 하늘 참 오랜만에 보는구나. 땅만 쳐다보고 살기 바쁜 나날들. 나는 붉은 구름이 조금씩 남청색 어둠으로 가라앉는 일몰의 풍경을 바라보았다. 삼십 분쯤 지났을까. 면접이 끝났다는 제이의 전화. 나는 다시 사무실로 갔다.

두 사람은 얘기가 잘된 것 같다. 안녕히 계세요. 제이는 소장님께 인사를 한다. 나도 가방을 챙겨 제이의 휠체어를 밀면서 사무실을 나오려는데 소장님이 문간에서 조금 전 제이가 앉았던 테이블 위를 가리키며 저것도 가져 가라고 한다. 제이가 먹다 남긴 커피다. 나는 제이에게 마저 마실 거냐고 묻는다. 제이는 안 마시겠다고 한다. 어차피 버릴 건데 마셔요. 소장님이 말했다. 나는 약간 당황했다. 커피 좀 남기면 안 되나? 그리고, 버릴 거니까 니가 마셔라니. 말을 왜 저렇게 하나 싶어 나는 소장님 얼굴을 빤히 쳐다봤다. 소장님의 눈은 사시였다. 도대체 누굴 보고 말을 하는 건지. 그럼 제가 마실게요. 제이가 먹다 남긴 커피를 내가 마저 마시고 종이컵을 쓰레기통에 버린 후 사무실을 나왔다.

날은 완전히 어두워졌다. 아파트 언덕길을 내려오면서 나는 제이에게 면접은 잘 봤냐고 물었다. 그런데 고개를 끄덕이면서 제이가 전하는 면접 내용을 듣고…… 나는 그 자리에서 까무라치고 말았다.

제이 급여는 30~40만 원 정도 됐으면 좋겠다. 근무할 수 있는 시간은 월요일에서 목요일까지 오전 10시부터 오후 5시까지.

소장님 근무 시간은 그렇게 하자. 그런데 여기 센터 만든 지가 얼마 안 돼서 형편이 어렵다. 지금 당장 급여를 그렇게 주기는 힘들다. 일단 29만 원 주겠다. 내년에는 지원이 늘어날 예정이니 그때 급여를 올려 주겠다.

제이 내가 여기서 해야 하는 일이 뭔가?

소장님 이것저것 필요하다 싶은 일을 찾아서 하면 된다. 사무실 지키고, 전화 받고, 청소하고…… 웹디자인 기술을 배웠다니 안내 홍보물을 만들 수도 있지 않겠는가.

제이는 생각한 것보다 급여가 좀 적다 싶었지만, 그래도 일을 할 수 있는 게 어디냐 싶어 좋아했다. 무엇보다 자신이 배운 웹디자인 기술을 활용할 수 있는 기회가 생긴 것이 기뻤다. 배운다 생각하고 열심히 일하자. 이렇게 마음을 먹었다. 그런데…… 단, 하면서 소장님이 요구하는 조건이 몇 가지 더 있었다. 내가 보기엔 이게 핵심이다.

"지금 소속되어 있는 센터를 여기로 바꿀 것. 활동보조도 여기서 붙여 주는 사람을 쓸 것. 작업장 일하던 거 당장 그만두고 내일모레부터 여기로 출근할 것."

제이는 생각을 좀 해봐야겠다고 했다. 집에 가서 부모님과 상의를 좀 해봐야겠어요. 그랬더니 소장님은, 지금 나이가 몇인데 부모님한테 물어보겠다는 거냐, 지금 당장 본인이 결정하라고 했다. 언제까지 복지 일자리 근무만 할 테냐. 자기 일을 해야지. 여기서 함께 센터 키우면서 자립하라. 제이는 엉겁결에 그렇게 하겠다고 했다. 자, 그럼 우리 약속한 거죠? 약속 꼭 지키겠다고 제이는 소장님과 손가락을 꼬옥 걸었다고 한다.

나는 기가 막혔다. 그러니까 제이는 지금 나한테…… 너 내일모레부터 당장 일 그만두라는 말을 하고 있는 것이다. 내가 이런 처지였구나. 제이의 말 한마디에 하루아침에 밥줄이 끊길 수 있는. 나는 머릿속이 하얗게 비는 것 같았다. 이런 처지에 그동안 제이의 인생에 대해 이러쿵저러쿵 충고를 늘어놓았던 나 자신에 대한 환멸이 온몸에 소름처럼 돋았다.

나는 제이에게 물었다. 내가 뭘 잘못한 게 있느냐. 제이는 없다고 했다. 그런데 어째서 나보고 내일 모레부터 당장 일을 그만두라고 하는 거냐. 이런 경우는 없다. 이용자에게 활보를 '짜를' 권리는 없다. 이용자는 고용주가 아니다. 만약 둘이 안 맞아서 활보를 바꾸고 싶다고 해도 최소한 2주 전에는 센터에 통보를 해줘야 하는 법이다. 그러면 센터에서 활보에게 다른 이용자를 연결해 준다. 그래도 이게 금방 연결이 안 되기 때문에 몇 달을 활보는 실직 상태로 보낼 수도 있다. 남의 생계 문제를 이렇게 쉽게 생각해도 되는 거냐. 그리고 작업장 근무가 아직 덜 끝났는데 그거 팽개치고 새 일 시작한다는 게 말이 되냐. 그거는 작업장하고 얘기를 잘 하면 된다고 제이는 말한다.

그래, 그건 니가 알아서 할 일이고, 내가 지금 남 걱정할 형편인가. 졸지에 정리해고 당한 처지에. 혼비백산 얼이 빠진 나에게 제이가 하는 다음 말이 완전히 나를 멘붕 상태에 빠뜨렸다.

—소장님이 나한테 남자 활보를 붙여 준댔어.

오 마이 갓……! 나는 더 이상 제이랑 대화가 불가능하다는 걸 깨달았다. 나는 한 가지만 부탁하자고 했다. 이건 혼자 결정할 수 있는 문제가 아니다. 집에 가서 부모님과 상의해 본 후 신중하게 결정해 달라. 그러고 우리는 헤어졌다.

밤에 제이한테서 문자가 왔다. 부모님과 상의해 본 결과 거기는 안 가기로 했다. 공부해서 인권강사가 되는 쪽으로 진로를 결정했다. 내가 사회생활 경험이 부족해 경솔한 행동을 한 것 같다. 미안하다. 오늘 일은 없었던 걸로 해줬으면 좋겠다. 마음에 담아 두지 말라.

나는 제이의 뻔뻔스러움에 치가 떨렸다. 문제가 생기면 항상 난 장애인이니까, 난 나이가 어리니까 접어 달라고 하는 태도. 사람을 죽여 놓고도 미안하다 실수였다고 하면 되는 건가? 그리고 인권강사 될 거니까 거기는 안 가겠다고 하는 게 지금 나한테 사과가 되는 말인가? 1년 넘게 자기 손발이 되어 일한 사람의 인권, 아니 생존권을 이렇게 무참하게 짓밟아 놓고 무슨 인권강사가 되겠다는 건가.

다음 날 아침 제이는 소장님한테 전화를 해서, 죄송하다 거기서 일하는 게 어렵겠다고 말했다. 소장님은 제이에게 자기랑 어제 손가락까지 걸고 한 약속을 하룻밤 새 뒤집다니, 그렇게 살지 말라고, 화를 벌컥 내면서 전화를 끊었다고 한다.

부들부들…… 남의 밥그릇을 뺏으려 한 그 소장에 대한 끓어오르는 분노를 나는 참을 수가 없다. 하지만 어쩌겠는가. 나도 살고 봐야 하지 않겠는가. 제이에게 '짤리지' 않기 위해 나는 앞으로 뭐라도 할 것이다. 일단, 성전환 수술부터 할 것이다. 백마 탄 왕자 활보가 되어 나는 제이를 위험에 빠뜨리는 악의 무리들로부터 제이를 영원히 지킬 것이다. 즉, 내 밥그릇 뺏는 놈들, 다 죽여 버리겠어!

난
환자가
아니야

오늘은 제이의 장애인 인권강사 양성 아카데미 졸업식 날이다. 기초 과정, 전문가 과정 해서 10개월 동안의 공부를 마무리하는 날. 제이로서는 고등학교 졸업하고 처음 시작하는 새로운 공부라 시작할 때 걱정이 앞섰다. 내가 과연 이 공부를 열심히 할 수 있을까?

제이는 학교 다닐 때 공부에 별 흥미를 느끼지 못했다. 책을 읽는 것이 제이에게는 힘들었다. 글자가 눈에 안 들어왔다. 마음속에 하고 싶은 말이 가득한데 그것을 표현할 길을 찾지 못해 늘 자신의 아우성으로 멍멍한 귀에는 남의 말이 들리지 않았다. 책을 읽는 대신 제이는 침묵 속에서 고요한 숨결을 전하는 시를 쓰면서 자기 자신과 대화를 했다. 그러나 언젠가부터 제이는 혼자 하는 이 독백이 답답해졌다. 할 말이 하나도 없어도 들어 줄 친구는 필요하다고 하지 않는가. 제이에겐 친구가 필요했다. 내 말을 들어 줄 친구. 장애인 인권강사 아카데미는 제이에게 그런 친구를 찾아 나선 모험이었다.

—하루 종일 집에서 텔레비전 드라마나 보면서 책이라곤 한 자도 안 읽는 네가 무슨 강사가 되겠다는 거냐. 더군다나 너는 언어 장애가 심한데 어떻게 다른 사람들 앞에서 강의를 하겠다는 거냐.

장애인 인권강사가 되겠다고 했을 때 제이의 어머니는 이렇게 말씀하셨다. 어머니의 이 말을 듣고 제이는 울었다. 사실, 그런 생각은 제이도 들었다. 내가 하는 말을 사람들이 잘 알아듣지 못하는데 내가 강의를 할 수 있을까. 그러나 아카데미의 선생님이 그건 문제가 안 된다고 하셨다. 여러분은 아나운서가 될 필요는 없어요. 전달은 누가 옆에서 도와주면 됩니다. 중요한 건 여러분 자신의 얘기를, 자기의 말로 하는 거예요. 그리고 나의 문제가 나 혼자만의 문제가 아니라 우리 모두의 문제라는 것을 다른 사람들이 이해하고 공감할 수 있도록 하면 되는 거예요.

선생님의 이 말씀에 힘을 얻어 제이는 열심히 공부했다. 휠체어가 갑자기 고장이 나서 움직이지 못한 날 빼고 교육 과정 10개월 동안 제이는 한번도 빠지지 않고 먼 길을 가서 수업을 들었다. 매주 과제도 열심히 했다. 그리고 마지막 수업 시간, 동료들 앞에서 직접 강의를 해보는 강의 실습도 훌륭하게 해냈다. 선생님과 함께 공부한 친구들이 앞으로 제이는 틀림없이 훌륭한 강사가 될 거라고 격려해주었다. 그런데 정작 함께 사는 어머니는 제이의 가능성을 믿지 않는다. 제이는 그것이 슬펐다.

하지만 제이가 아카데미에 공부하러 가는 날 아침마다 일찍부터 일어나 제이의 옷을 챙겨 주고 정성껏 머리를 빗겨 주시는 분은 어머니다. 어머니가 그동안 제이를 위해 얼마나 노력해 오셨는지 제이는 잘 알고 있다. 앞에서도 얘기했지만, 어머니는 제이를 치료해 보려고 안 가 본 병원이 없다. 병원에서 온갖 치료를 다 받았다. 기도원에 들어가 살면서 기도 치료까지 했다. 이때 어머니는 40일 금식 기도를 했는데…… 이 기도의 효험인지 정말, 그전까지는 제이의 표현에 의하면 팔다리가 '문어발처럼 흐느적'거리던 제이가 자리에서 벌떡 일어나 걸었다고 한다. 이때부터 제이는 몸을 반듯하게 가눌 수 있게 되었고, 버팀대를 붙잡으면 몇 걸음 걸을 수도 있게 되었다.

기적의 힘을 믿는 어머니가 설마 제이 스스로 변화할 수 있는 가능성을 안 믿겠는가. 강사는 무슨, 이라고 하시지만 제이가 정말 강의를 나가게 되면 예쁜 핸드백을 사 주겠다고 어머니는 말씀하신다. 제이는 핸드백을 선물받기 위해서라도 꼭 강사가 되겠다고 결심을 하고 10개월간의 교육 과정을 성실하게 마쳤다.

제이가 강의를 한 얘기를 해야겠다. 직접 현장에 가서 장애인 인권에 대해 강의를 한 것은 아니고, 마지막 수업 시간에 그동안 배운 것을 총 마무리하는 뜻으로 선생님과 친구들 앞에서 강의 실습을 해보는 것이었다.

제이는 '난 환자가 아니야'라는 주제로 강의를 했다. 전에 우리는 어떤 식당에 함께 갔는데, 이 식당 주인아줌마가 나보고 "아이구 좋은 일 하시네. 케어는 하루에 몇 시간 하시우?"라고 해서 제이가 발끈한 적이 있었다. "케어 아니고 활동보조예요!" 케어와 활동보조의 차이. 제이는 '케어'라는 말에 왜 그렇게 발끈했을까. 자신을 환자 취급하는 것이 왜 그렇게 기분이 나빴을까. 자신이 누군가의 도움을 받아야 하는 의존적인 존재로 보이는 게 제이는 자존심이 상했을 것이다. 아니다, 나는 내 힘으로 움직인다. 제이가 강조하고 싶었던 것은 그것일 것이다. 자신이 엄연히 자율적인 존재라는 것. '다른' 신체 조건을 '결핍'으로 보지 말라는 것.

이때의 체험을 바탕으로 제이는 이번 강의에서 '장애인은 환자가 아니다, 장애인을 뭔가 모자라는 사람으로 보는 건 우리들의 편견이다'라는 말을 하고 싶다. 강의는 크게 세 부분으로 구성되었다. 먼저 Ice Breaking으로 '내가 좋아하는 말, 내가 싫어하는 말'이라는 놀이를 한다. 수강생들이 종이에 자신이 좋아하는 말, 싫어하는 말 다섯 개씩 적어서 발표하는 놀이. 수강생들의 참여를 유도하면서 강의 내용에 집중하도록 하는 기획이다. 본론으로 들어가서는 장애인과 환자는 다르다. 어떻게 다른가. 그런데 사람들은 이 둘이 같은 거라고 생각한다. 이것은 잘못된 생각이다. 이런 내용을 차근차근 자신의 체험과 함께 설명한다. 그리고 마무리에서는 이 강의를 통해 새롭게 알게 된 사실에 대해 서로 느낌을 나눈다.

제이의 강의는 훌륭했다. 제이의 강의는 여러 가지 점에서 크게 칭찬을 받았다. 우선 자료 준비가 충실했다. 제이는 웹디자인 배운 기술을 활용해서 PT 자료를 만들었다. 배경 화면의 색깔도 직접 칠하고, 캐릭터 도안도 직접 해서 독특하면서도 충실한 강의 자료를 준비했다. 자신의 체험을 바탕으로 한 얘기라서 강의 주제가 마음에 와 닿았다. 강의 구성도 좋았다. 그리고 강사가 일방적으로 떠드는 강의가 아니라 놀이와 대화를 통해 서로 묻고 대답하는 참여형 강의라서 듣는 사람이 지루하지 않았다.

우리는 모두 깜짝 놀랐다. 제이가 그렇게 강의를 잘 하리라고는 아무도 기대하지 않았기 때문이다. 평소 수업 시간에 제이는 조용히 듣고만 있는 편이어서 무슨 생각을 하고 있는지 짐작하기가 어려웠다. 그리고 가끔 말을 해도 알아듣기가 힘들었다. 그런데 강의를 할 때 보니까 제이는 자기 생각이 아주 분명하고, 그 생각을 성실한 과정을 통해 전달하며, 대화의 기술 또한 뛰어났다. 무엇보다 강의를 할 때 발음이 또박또박했다. 이 점이 너무 신기하고 놀라웠다. 어째서 평소에는 그토록 조그맣고 알아듣기 힘들던 제이의 목소리가 강의를 하니까 이렇게 분명하고 힘이 있는 것일까. 아무래도 제이는 무대 체질인가 봐…… 웅성거리던 친구들이 강의를 마친 제이에게 기립박수를 보냈다.

제이의 강의에서 문제점으로 지적된 것은 강의 내용에 비해서 제목이 너무 크다는 것. 난 환자가 아니야. 이 제목에 맞는 강의가 되려면 장애인과 환자의 개념 차이를 전문적으로 설명해야 하는데 제이의 강의 내용은 그게 아니었다는 점. 장애인을 환자 취급하면 기분 나쁘다. 이 정도 애기만 해도 괜찮다. 사람들이 학술 발표회 들으러 온 것도 아닌데 전문적인 설명 잔뜩 늘어놔 봐야 와 닿지도 않으니 장애인에 대한 사람들의 오해를 감성적으로 접근해서 건드리는 게 효과적. 그런 강의 포인트라면 도입부의 활동——'내가 좋아하는 말, 싫어하는 말'을 강의 제목으로 살리는 게 어떨까 하는 지적.

그런데 내가 궁금한 건 장애인을 환자 취급하면 왜 기분이 나쁠까 하는 점이다. 왜냐하면 나는 화병 환자이기 때문이다. 나는 뭘 해도 화가 난다. 기뻐도 화가 나고, 슬퍼도 화가 나고, 뭘 해도 화가 난다는 사실 때문에 더욱 화가 나는 내 앞에서 "난 환자가 아니야"라고 외치는 제이한테 어쩐지 난 조금 무시당하는 기분이다. 나는 제이에게 물었다.

——환자 취급하면 왜 기분이 나빠?

——환자는 병원에 누워 꼼짝도 못하는 사람이잖아.

——장애인은?

——조금 불편하긴 하지만 움직일 수 있어.

그렇구나…… 지난 주 '해고 사건' 이후 나는 화병이 도져서 움직일 수가 없었다. 일이야 습관적으로 하지만 마음이 쿵, 하고 드러누워서 꼼짝을 못했다. 난 정말 환자가 맞나 봐. 그깟 작은 실수에 불과한 일 때문에 일주일을 드러누워 있다니. 빨리 이 화병이 나아야 할 텐데……. 하지만 생각해 보니 내가 매사에 화를 내는 것은 하루 이틀 일이 아니다. 지금까지 나는 모든 일에, 모든 사람들한테 화를 내면서 살아왔다. 그렇다면 나의 이 화병은 병원에서 고칠 수 있는 병이 아니라 그냥 나의 존재 조건으로 받아들이고 살아야 하는 '마음의 장애'가 아닐까? 환자라서 제이한테 무시당하는 기분이었다가 나는 점차 같은 장애인으로서 제이에게 연대감을 느끼게 되었다. 그래, 난 환자가 아니야! 강의를 성공적으로 끝마친 제이는 마냥 뿌듯한 표정이다. 자기를 무시한 사람들한테 본때를 보여 주었다는 듯 의기양양한 표정으로 제이는 이렇게 말한다.

—이제 엄마한테 핸드백 사 달라고 큰소리 쳐도 되겠지? 핸드백 새 거 사면 구두도 새 걸로 신어야 하지 않을까?

부글부글…… 나는 또 속에서 부아가 치밀어 오른다. 그래 강의 준비하느라 수고가 많았어. 10개월 동안 열심히 공부해서 아카데미 졸업한 걸 축하해. 정말 장하다. 앞으로 훌륭한 강사가 될 거야. 이렇게 말한다는 게…… 나는 인상을 구겨서 제이에게 이렇게 톡 쏘아붙이고 말았다.

—강의하는 데 새 구두가 꼭 필요한 거야?!

가을
소풍

―가을엔 어떤 느낌이 들어?

―고요한 느낌…… 나뭇잎이 떨어지는 것 같은…… 이제는 다 내려
놓아도 될 것 같은…….

―허…… 도통하셨네.

―엉? 도통하는 게 뭔데?

하지만 이번 가을에도 제이는 연애에 대한 집념을 내려놓을 수가
없어 도통(道通)하기는 힘들 것 같다. 여튼, 가을이다. 하늘은 높고
말이 살찌는 계절. 오곡이 풍성한 결실의 계절. 우리가 다니는 길의
가로수 은행나무가 황금빛으로 장엄하다. 거리의 과일가게에 얼마
전까지 포도가 한창이더니 지금은 홍시, 대추, 밤이 좌판 가득 쌓여
있다.

　제이도 오늘 집에서 점심으로 홍시를 먹고 나왔다고 한다. 맨날
똑같은 밥 먹는 게 지겨울 때가 있다. 그럴 때 계절의 별미로 입맛을

돋우는 지혜가 필요하다. 그런데 제이는 홍시를 어떻게 먹었을까? 말랑말랑한 껍질을 얇게 벗겨서 한 입씩 베어 먹었을까? 오물오물 할머니처럼 숟가락으로 떠먹었을까? 홍시 많이 먹으면 변비 걸려. 내가 겁주듯 말하니까 제이는 많이 안 먹었다고 한다. 몇 개 먹었는데? 세 개. 맙소사! 한두 개도 아니고 세 개씩이나 먹었으면서 많이 안 먹었다니 홍시가 터질 노릇이네!

오늘은 밀알 모임에서 가을 소풍을 간다. 교회에서 예배를 드리는 대신 한강에 나가서 강바람도 쐬고 유람선도 탄다. 야외에서 하늘과 바람과 강물과 함께 드리는 예배라고 할 수 있다. 야~ 배를 탄다! 제이는 난생처음 배를 타 본다. 아, 난생처음은 아니지. 몇 년 전, 남이섬에 놀러갔을 때 섬까지 들어갈 때 배를 타 봤지. 맨날 땅바닥에 달라붙어 살다가 둥실 물결 위에 몸을 싣고 나아가는 느낌은…… 말할 수 없이 설레었다. 그래서 이번에 한강에서 다시 배를 탄다니 너무 너무 기대가 된다. 게다가 유람선에서 '마술쇼'도 한단다. 마술이라니! 제이는 한 번도 마술 구경을 해본 적이 없다. 명절 같은 때, 텔레비전에서 중국 곡예단이 묘기하는 건 봤다. 반짝이는 옷을 입고, 공중 그네를 타고, 코끼리 등 위에서 사람들이 삼층 사층 탑을 쌓는 모습…… 아 참, 그건 마술이 아니지. 마술도 잠깐 본 것 같다. 상자 속에 여자가 들어갔다. 남자가 상자를 여러 동강으로 잘랐다. 그런데 상자 속에서 여자가 멀쩡하게 살아나왔다. 이게 도대체 어찌 된 일인가…… 어리둥절해지던 기억. 유람선에서는 과연 어떤 마술이 펼쳐질지 설레는 마음으로 제이는 소풍길에 나섰다.

한강변에는 우리처럼 소풍 나온 사람들이 많았다. 자전거를 타는 사람들, 잔디밭에 자리를 깔고 도시락을 먹는 가족들, 낙엽 떨어지는 길을 산책하는 연인들…… 무엇보다 우리가 깜짝 놀란 것은…… 하늘이 너무 많은 것이다! 드넓은 잔디 구릉 아래로 한강이 있었고, 그 위로 전부 하늘이었다. 평소 가로수 나무들 사이로 조각난 하늘만 쳐다보다가…… 갑자기 온 세상이 하늘이다. 우리는 하늘 속에 있다. 어? 그리고 이건 또 뭐지? 땅이 너무 평평했다. 평소 울퉁불퉁하고 홈 파인 길만 다니다 평평한 길을 가자니 휠체어 바퀴가 저절로 굴러가는 것 같다. 아 이건 뭐…… 길을 가는 것이 하늘에 안기는 느낌이다. 구름 속을 떠다니는 느낌이다. 우리가 그대로 가을 하늘의 한 점 구름이 되는 기분이다. 아아아아…… 바람을 가르며 우리는 친구들과 만나기로 한 장소로 달려갔다.

친구들을 만나 저녁을 같이 먹었다. 선상 식당에서. 날이 저물고 있었다. 강 저쪽으로 빌딩숲에 불이 켜졌다. 마치 우리들의 소풍을 반겨 주듯. 그런데 '저녁의 소풍'이란 게 좀 이상하긴 하다. 하지만 우리는 마술을 보고 싶은 거니까. 마술은 밤에 봐야 제 맛이니까. 도시락은 밀알의 어떤 분이 집에서 손수 만들어 오신 주먹밥. 여기에 선상 식당에서 파는 우동을 곁들여서 함께 먹었다. 우리는 도시락을 먹으며 강변에 점차 불빛이 밝아져오는 도시를 바라보았다. 우와 멋지다!

유람선은 이층으로 되어 있었다. 아름다운 승무원이 즐거운 여행이 되기를 바란다고 하면서 승선 중의 유의사항과 편의시설 이용 안내를 해준다. 유람선은 약 1시간 동안 한강을 한 바퀴 도는 것이다. 한강의 야경과 강바람을 즐기고 싶은 사람은 2층으로 간다. 뱃머리의 갑판에 서서 바람을 맞으며 서 있으니 내 몸이 곧 배가 되어 물을 가르며 나아가는 것 같다. 여기서 좀더 스릴을 즐기려면 2층 객실과 갑판 사이 경사로를 미끄럼을 타듯 휠체어를 굴려서 내려오는 것이다. 강바람이 제법 세다. 이 바람을 맞으면서 경사로를 미끄러져 내려오자면 온몸이 강물로 곤두박질치는 것 같다. 으아아아……비명을 지르면서도 친구들은 이 '경사로 미끄럼틀'을 떠나지 않는다. 한편, 마술 구경을 하고 싶은 사람은 1층 객실로 간다. 1층 객실 앞에 마술쇼를 위한 작은 무대가 마련되어 있다.

제이는 갈등한다. 마술 구경을 할까? 강바람을 쐴까? 물론 제이가 가장 원하는 프로그램은 따로 있다. 드라마에서 보니까 호화 유람선을 탄 승객들은 매일 파티를 하고 흥미진진한 이벤트를 해서 커플이 탄생하던데……. 아쉽게도 그런 이벤트가 이 유람선에는 준비되어 있지 않다. 제이는 하는 수 없이 마술을 보기로 한다.

마술사는 아까 우리랑 같이 줄서서 배를 탔던 청년이다. 후드 티셔츠를 입고 수트케이스를 든, 앳되고 여려 보이는 청년. 언제 옷을 갈아입었지? 무대 위에 선 마술사는 실크해트에 검은 연미복을 입고 있다. 무대 위에는 탁자 하나가 놓여 있었다. 마술사는 손수건을 이리저리 흔들었는데 그 손수건 속에서 비둘기 한 마리가 날아올랐다. CD 케이스 같이 생긴 나무곽 속에 CD를 넣고 노란 천으로 문지르자 CD 중간의 동그란 부분이 노랗게 변했다. 파란 천을 문질렀더니 파랗게 변했다. 빨간 천을 문지르자 빨갛게 변했다. 노끈을 꽁꽁 묶었는데 저절로 풀어졌다. 가위로 잘랐는데 붙여졌다. 붙여진 노끈이 가위로 자르지도 않았는데 저절로 끊어졌다. 믿기지 않으시죠? 마술사는 마침내 손짓만으로 탁자를 들어올렸다. 탁자는 공중을 이리저리 날아다녔다. 정말 믿기지 않으시죠? 마술사는 객석에 있는 아가씨 한 명을 나오라고 해서 노끈이 얼마나 단단한가 만져

보게 하고, 아가씨가 보는 눈앞에서 노끈이 저절로 끊어지고 붙여 지는 마술을 보여 줬다. 아가씨가 눈을 동그랗게 뜨고 감탄하면서 박수를 쳤다.

시시해……. 마술을 다 본 제이는 실망을 하며 갑판으로 나갔 다. 이미 스펙터클한 구경거리에 익숙한 사람들에게 오늘 마술은 시시했다. 비둘기를 날리고 노끈을 뗐다 붙였다 하는 게 이제 사람 들에게 전혀 놀라운 일이 못 되는 것이다. 마술사는 탁자, 비둘기, 노 끈 등과 같은 무대 소품들을 챙겨 다시 수트케이스에 넣고 우리랑 함께 배에서 내렸다.

우리는 사는 데 너무 지친 것일까? 마술이 전혀 놀랍지 않다는 사실이 나를 슬프게 했다. 그런데 한 가지 놀라운 사실은 함께 소풍 을 간 친구들 중 P가 1층과 2층의 선택에서 1층, 마술 구경을 선택 했다는 사실이다. P는 시각장애인이다. 앞을 전혀 못 본다. 그런데 어떻게 마술을 볼까? 나한테는 그게 정말 마술 같다. 제이한테 물 어보니 그 친구는 앞을 못 보는 대신 청각이 아주 발달했다고 한다. 그래서 음악을 좋아하며 선교단의 드러머로도 활동 중이라고. 그 러니까…… P는…… 눈으로 보는 게 아니라…… 마음으로 보는 거 야…… 라고 제이는 말했다. 색깔을 촉감이나 온도로 느끼는 동물 도 있다고 한다. 노란색은 따뜻해. 검정색은 밤의 부드러운 융털 같 아. 올리브색은 지중해에 손을 담근 느낌 등등과 같이 말이다. 오늘 우리들에겐 너무 소박해서 놀라웠던 마술 공연이 P한테는 어떻게 보였을까? 공연이 끝나고 제이가 "시시해"라고 소리치면서 갑판으로 나가 버린 뒤에도 P는 1층 선실에 남아 한참 앉아 있었다. 감동의 여운이 채 가시지 않은 듯이.

제이랑 나랑은 강바람을 쐬러 배의 갑판을 향해 달려갔다. 아아 아아…… 뱃머리에 서서 온몸으로 강바람을 맞으니 우리의 몸이 바람에 풀어지는 것 같다. 우리는 물고기가 되어 반짝반짝, 밤 속에 가득한 불빛들——도시의 야경을 힘껏 헤엄쳐 다니는 것 같다. 제이가 반짝이는 것을 왜 그리 좋아하는지 이제 나는 조금 알 것 같다. 그건 멀리 있기 때문이다. 내 손이 닿지 않는 먼 곳에 있기 때문에 별은 그토록 빛나고 아름다운 것이다. 소풍이 즐거운 것도 바로 그 때문이 아닐까? 내가 선 자리에서 한 발짝 떠나보는 것. 그제서야 지리멸렬하기만 하던 일상이 불빛 가득한 밤의 풍경처럼 가슴 벅찬 기쁨으로 다가오는 것이다. 그것을 알려주기 위해 제이는 아주 먼 별에서 소풍 온 요정이 아닐까? 그렇지 않다면 제이의 눈길이 닿는 곳마다 어둠이 이렇게 반짝, 반짝일 수가 없는 것이다.

내게
요강 같은
평화

우리가 자주 지나다니는 길에 시장이 있다. 보통은 이 시장 옆의 역
에서 전철을 타지만 가끔 날씨가 좋거나 시간 여유가 있을 때는 시
장을 가로질러 한 정거장 다음 역까지 걸어간다.

시장에는 신기한 물건들이 많다. 시장 안의 가게보다 난전에 펼
쳐져 있는 물건들이 우리의 눈길을 끈다. 즙을 바르면 피부가 옥같
이 고와진다는 알로에, 사전의 글씨가 간판만 하게 보인다는 돋보
기, 나환자촌에서 만들었다는 무좀약, 권위와 품격의 초상화 주문
제작, 파리가 앉았다 미끄러진다는 구두약, 추리닝에도 잘 어울린다
는 가죽 허리띠, 자전거 바람 넣는 펌프, 시간이 지날수록 색깔이 진
해진다는 울긋불긋한 미제 루즈, 한 묶음 열 켤레에 육천 원 하는 양
말, 이에 달라붙지 않고 다이어트에도 좋다는 호박엿, 삶은 옥수수,
가을날의 정취와 낭만——은행 구운 것, 반라의 여자가 포즈를 취하
고 있는 사진의 달력들, 사모님의 교양을 위한 사교댄스 DVD…….

이런 것들이 다 어디에 쓰이는 물건들일까. 순진한 (척하며) 제이와 나는 눈이 반짝반짝, 장날 구경 나온 아이들처럼 좌판을 둘러보며 신기해한다. 그러나 우리들이 시장으로의 우회로를 선호하는 진짜 이유는 '먹자골목' 때문이다.

시장 초입부터 시장 한복판의 사거리까지 쭈욱 이어지는 포장마차들. 여기에는 항상 사람들로 북적거린다. 순대국에 막걸리를 한 잔씩 걸치시는 할아버지들, 콩국수를 말아 먹는 연인들…… 돼지 껍데기 볶은 것, 잡채, 김밥, 떡볶이, 오뎅…… 그리고 커다란 철판 위에 기름이 자글자글 끓고, 그 위에 고소한 냄새의 빈대떡이 구워진다. 이 먹자골목을 지나가자면 제이와 나의 뱃속에서는 저절로 꼬르륵 소리가 난다. 잊고 있었던 오만 년 전의 허기가 내장에서 용솟음치며 올라오는 것 같다. 대형 할인매장의 식품 매장에는 시식 코너가 있어 만두 한두 점씩 그냥 얻어먹을 수도 있지만 시장에서는 그럴 수가 없다. 우리는 지갑을 탈탈 털어 빈대떡이나 김밥, 가끔 떡볶이, 순대도 사 먹는다.

휠체어를 여기다 세워 놓으면 어떡해요. 손님들 못 지나다니잖아요. 포장마차 주인의 잔소리와 붐비는 사람들 속에서…… 앞을 좀 보고 다녀요. 바퀴에 발이 밟혔잖아요. 어어, 오뎅 국물이 쏟아져요. 아줌마 여기 단무지 좀 더 주세요…… 이렇게 아우성들 속에서 먹는 음식이 꿀맛이다. 아니, 뭘 꼭 안 사 먹어도, 북적거리는 내장 속 같은 이 활기찬 시장을 구경하면 굳어 있던 몸이 꿈틀꿈틀 살아 움직이는 것 같다. 그래서 제이와 나는 일 없이 길을 돌아서 가는, 이 시장으로의 우회로를 좋아한다.

그런데 오늘은 시장에서 살 게 있다. 그릇가게에 가서 요강을 하나 사야 한다. 뭐? 요강? 치매 노인처럼 웬 요강? 내가 요강을 하나 사야 한다니까 제이가 눈이 동그래져서 묻는다. 응 그럴 일이 좀 있어…….

나에게도 사생활이 있다. 활보 끝나면 집에 돌아가서 쉬는 것. 잠을 자는 것이 나의 가장 중요한 사생활이다. 그런데 최근 나는 이 소중한 생활에 심각한 위협을 받고 있다. 사정을 얘기하자면…….

나는 다세대 주택의 3층 원룸에 세 들어 살고 있다. 3층에는 세 가구가 함께 산다. 나는 303호다. 이 집은 산 밑의 주택가라 공기가 맑고 아주 조용하다. 일하고 돌아와 쉬기에 좋다. 그래서 평소 아주 만족스러워하고 있었는데 최근 301호에 어떤 여자가 이사 오고부터 나의 평화는 깨졌다.

여자는 원룸 안에 강아지 두 마리를 기른다. 303호 내 방으로 가려면 301호를 지나야 하는데, 내가 지나갈 때마다 강아지 두 마리가 미친 듯이 짖는다. 여자가 이사 오고부터 내 방에 들어가는 일이 지옥의 관문을 통과하는 일처럼 힘겨워졌다. 개가 짖지 않도록 나는 살금살금 발소리를 죽여 301호를 지나야 한다. 그러나 번번이 개가 짖는다. 3층 복도에 들어서는 순간부터 개소리가 나를 물어뜯는다. 나는 경찰에 쫓기는 도둑처럼 혼비백산 내 방으로 뛰어들어간다. 문을 재빨리 쾅 닫고 후유…… 놀란 가슴을 쓸어내린다.

여자가 이사 온 이후 매일 이런 일이 반복되다 보니…… 안 그래도 화병이 있는 나는 스트레스가 이만저만이 아니다. 게다가 내 방은 헐값의 원룸이라 이름과는 달리 방과 주방 겸 욕실이 분리되어 있다. 씻거나 밥을 해 먹으려면 방문을 열고 나가 복도 저쪽, 301호 옆에 있는 곳까지 가야 한다. 신이시여…… 나에게 왜 이런 시련을……. 나는 간신히 들어온 방에 불도 안 켠 채 가만히 누워 곰곰 생각해 본다. 밥이야 굶는다 해도 좀 씻어야 개운하게 잠을 잘 텐데. 저 문을 열고 다시 나가면 케르베로스(그리스신화에서 죽음의 세계 입구를 지키는 개)에게 물어 뜯겨 나는 곧 죽을 것만 같다. 그냥 자자. 옷도 벗지 말고, 신도 벗지 말고, 숨도 쉬지 말고…… 그냥 자자. 나는 꼿꼿한 몸으로 잠을 청한다. 잠이 잘 안 온다. 그러나 조금 뒤척이다 보면 낮의 피로가 고마운 잠을 불러 준다. 천천히 나는 밤의 어둠 전체와 한 몸이 되어 숨을 쉰다. 뒷산의 청량한 공기가 밀물처럼 내 몸에 스며들었다 빠져나가는 것을 느끼며…… 스르르 나는 잠 속에 빠져든다.

문제는 새벽이다. 새벽에 꼭 한 번씩 오줌이 마려워서 잠을 깨는 것이다. 오줌을 누려면 다시 지옥의 관문을 통과해야 한다. 씻는 건 미룰 수 있어도 오줌을 참을 수는 없다. 어떻게 할 것인가. 자연이 부르는 소리에 잠이 깨어 나는 다시 번민에 휩싸인다. 새벽의 맑은 공기는 나에게 예지력을 준다. 그래, 이 시간에는 케르베로스도 잠이 들었을 거야. 용기를 내어 나는 방문을 열고…… 조심조심 301호를 지나 복도 저편의 화장실에 간다. 소리가 날까 봐 변기의 물도 내리지 못하고 조심조심…… 숨죽여 다시 방으로 돌아온다. 밤의 여신은 자비롭구나. 사나운 개도 잠들게 하여 나에게 오줌을 누는 평화를 허락하시니. 흡족한 기분으로 나는 다시 잠을 청한다.

그런데…… 방금 오줌을 눴는데…… 또 오줌이 마렵다. 끼이익 현관문을 열고…… 연달아 세 번이나 나는 화장실에 다녀온다. 몸이 너무 긴장해 있다가 잠이 들어 긴장이 풀리니 갑자기 오줌보가 터지나 보다. 새벽에 한두 번도 아니고 세 번씩이나 숨죽여 화장실에 다녀오려니…… 나는 진이 빠진다. 오줌 누는 것이 스트레스가 된다.

매일 이런 사태를 겪다 보니…… 몰골이 처참해진다. 낮에 활보를 하면서도 비몽사몽의 혼수상태로 제이한테 짜증만 내게 된다. 쉬지를 못한다는 것. 잠을 편안하게 못 잔다는 것. 오줌을 시원하게 못 눈다는 것. 나는 세상에서 가장 불행한 사람이 된 것 같다. 전철역의 계단을 베고 잠자는 노숙자도 나보다는 행복한 것 같다.

더욱 끔찍한 것은 가끔 복도에서 마주치는 301호 여자가 너무나 상냥한 얼굴로 나보고 다정한 척을 한다는 것이다. 어머, 저녁은 먹었어요? 마실 것 좀 드릴까요? 하면서 나만 보면 김치니 라면이니 하는 것들을 챙겨 준다. 이년아, 너 때문에 죽을 지경이다! 차마 이렇게 소리는 못 치고…… 나는 여자와 마주치지 않으려고 최대한 노력한다. 아침 일찍 집에서 나오고 밤늦게 들어가서 집에서는 잠깐 잠만 자는 것. 그러나 이 잠깐의 휴식마저도 여의치 않은, 하여 나는 마침내 요실금 환자가 되어 버리고 말았으니…… 참으로 인생이 가혹할 따름이다.

내가 이런 사정을 말하자 제이는 "요강 꼭 사야겠네……"라고 한다. 단풍이 아름다운 이 가을날, 이제 노처녀 시절을 지나 히스테릭한 독거노인의 생활로 접어들고 있는 나를 측은하다는 듯이 바라보며…….

동창
모임

제이의 소원은 친구가 만나자고 할 때 "어머, 어쩌지? 시간이 없어서……" 하면서 거절 한번 해보는 것이다. 그러나 지금까지 그런 일은 한 번도 없었다. 제이에게는 언제나 시간이 너무 많다. 심심하게 혼자 놀다가 누가 나 좀 안 불러 주나 목을 길게 빼고 기다리는 일. 그것이 평소 제이의 생활이다. 다들 뭐가 그리 바쁜지 학교 졸업하곤 감감 무소식인 친구들의 안부가 궁금했는데…… 며칠 전 제이에게 동창 모임을 한다는 연락이 왔다.

동창 모임? 나는 한번도 동창 모임에 나가 본 적이 없다. 맨날 발등에 떨어진 불 끄기 바쁜 처지에 옛 친구 만날 여유가 어디 있겠는가. 게다가 나는 동창회에 대한 거부감이 좀 있다. 가끔 동창회에서 오는 전화라는 게 기부금 내라는 것이고, 학연을 이용한 장사 혹은 선거 운동인 경우가 많기 때문이다. 최근 어떤 동기한테 왔던 전화도 그랬다. 동기라는데 내가 모르는 이름이다. 졸업한 지 오래돼서 기억이 잘 안 나나 보다 생각하고 얘기를 한참 듣다 보니 결론은 자기가 지금 일하고 있는 데 잡지를 1년 정기구독 해달라는 것이었다. 그 전화를 받은 다음부터 나는 동창회 같은 건 일절 돌아보지 않게 되었다.

제이는 동창 모임에 특별히 볼 일이 없다. 그러나 다른 특별한 일도 없다. 그러니 이번에도 누가 만나자고 할 때 거절 한번 해보는 소원은 이루지 못하고…… 마지못해…… 아니 어쩌면 활짝 반기며…… 제이는 외출 준비를 한다.

제이는 특수학교에 다녔다. 초등학교는 소아병동에서 생활하면서 다녔고, 중고등학교는 기숙사 생활을 했다. 한 반에 학생 수가 열 명 남짓이었다고 한다. 내가 초등학교 다닐 때 한 반에 애들이 팔십 명이 넘는 때도 있었다. 그래서 이부제, 삼부제 수업까지 했었다. 그야말로 악다구니 속의 전쟁터 같은 곳에서 생활하다 보니 격무에 시달리시는 선생님은 일 년이 지나도록 내 이름 한번 불러 줄 겨를이 없었다. 그런데 제이는 넓은 교실에서 많은 선생님들의 배려 속에서 공부했다니 부럽기 그지없다. 어떻게 보면, 일반 학교에 다녔던 나는 천민 교육을 받았던 반면, 특수학교에 다녔던 제이는 귀족 교육을 받았다고 할 수 있다.

동창 모임은 제이보다 한참 윗대 기수의 어떤 선배가 소집한 것이었다. 그분은 현재 장애인 자립생활센터의 소장으로 활동하고 계셨다. 그분이 이번에 동창들한테 연락을 한 것은 대선을 맞이하여 장애인 관련 정책 기획단을 모집하기 위해서였다. 대선 후보자들한테 장애인 관련 정책을 제안하려고 하는데, 그 정책을 함께 의논할 동료를 구하기 위해서이다.

여성회관의 빈 사무실에 20명 남짓 되는 동창들이 모였다. 간단하게 다과를 나누며 서로 인사를 하고, 동창들은 자유롭게 앞으로 나가서 지금 자신이 부딪치고 있는 현실적인 문제를 말했다. 취업을 하기 위해 기술을 습득하는 과정에서의 어려움, 취업을 하려는데 장애인이라는 이유로 면접 자체를 거부하는 회사(업무와 별 상관이 없는 장애임에도 불구하고), 간신히 취업을 해도 여러 가지 차별과 편견 때문에 직장에서 겪는 어려움들, 현재 장애인 관련 복지 정책의 문제점…… 이런 얘기들로 토론 광장이 벌어졌다.

이렇게 건전할 수가! 내가 아는 동창회는 출세한 동창이 생색을 낼 겸 인맥 관리도 할 겸해서 커다란 식당 빌려 흥청망청 먹고 남 얘기나 실컷 하다가 끝나는 공허한 모임이었다. 그런데 이렇게 소박하게 모여서 자기 얘기를 하는 동창회라니! 나는 낯선 동창회 분위기에 신선한 충격을 받았다. 역시, 천민 교육을 받고 자란 사람과 귀족 교육 받고 자란 사람은 다르다.

모인 동창들 중 몇몇이 정책 기획단에 참여하겠다고 해서 다음 일정을 잡고, 우리는 2차를 가기로 했다. 근처 식당으로 저녁을 같이 먹으러 갔다. 휠체어가 여러 대 들어갈 수 있는 식당이 별로 없기 때문에 두 블록 정도 거리를 걸어서 문턱이 없는 어떤 식당으로 갔다. 그 식당은 삼겹살을 구워 먹는 곳이었다. 흙바닥의 너른 마당에 원탁이 여러 개 놓여 있었다. 원탁의 가운데 숯불을 넣어서 고기를 구워 먹을 수 있도록 했다. 우리는 원탁을 몇 개 붙여 함께 앉을 수 있는 자리를 만들었다. 회의 시간 같았던 동창회는 삼겹살 굽는 연기가 피어오르면서 소주가 한 잔씩 돌아가자 부드럽게 풀어졌다.

나는 옆자리의 친구들에게 학창시절 제이는 어땠냐고 묻는다. 사실, 나는 그것이 궁금하지 않다. 지금이랑 뭐가 크게 달랐을라구⋯⋯. 그런데 제이가 물어보라고 한다. 친구들의 증언에 따르면, 학창시절 제이는 거의 존재감이 없었다고 한다. 있는지 없는지 잘 느껴지지 않는 존재. 친구들과 잘 어울리지 않고 혼자 조용히 창밖을 내다보고 있는 때가 많았다고 한다. 어휴⋯⋯ 그때부터 이미 제이는 못 말리는 나르시시스트였던 것이다. 남들한테는 관심이 없다. 창문에 비친 자신의 모습에 도취되어⋯⋯ 멀리서 찾아올 운명의 반쪽을 기다리며 요즘도 제이는 계절이 지나가는 창밖을 물끄러미 바라본다.

건전한 1차 모임에서는 조용하던 제이가 일상과 연애 얘기로 출렁이는 2차 술자리에선 활기에 넘친다. 뭐? 걔가 결혼했다구? 친구들과 수다를 떨던 중 제이의 귀를 번쩍 뜨이게 한 것은 동창 중 하나가 비장애인 남자랑 결혼했다는 소식이었다. 어머 좋겠다. 걔는 어떻게 그런 남자를 만났을까. 어떻게 연애를 했을까. 집안에서 반대가 심했을 텐데 어떻게 결혼을 했을까. 애는 어떻게 낳아서 기를까⋯⋯ 이렇게 그 동창을 부러워하다가⋯⋯ 아니, 근데 걔는 되는

데, 나는 왜 안 되는 거야! 제이는 분통을 터트린다.

세상 사는 일이 마음대로 안 된다는 것. 서른이 넘으면서 제이는 이제 현실을 받아들이기로 했다. 좋아! 꼭 비장애인이 아니어도 된다. (장애 등급) 5급까지는 괜찮다. 3급까지는 괜찮다. 제이는 이렇게 결혼 대상자의 조건을 점차 낮추고 있다. 그런데 아직 결혼은커녕 연애도 한번 제대로 못해 봤으니 동창의 결혼 성공담은 제이의 억하심정을 돋울 뿐이다.

그런데 제이는 왜 비장애인과 결혼하고 싶어 할까. 나는 그게 정말 궁금하다. 하지만 동창회의 밤이 무르익는 동안 나는 그걸 제이에게 물어 볼 틈이 없었다. 왜냐하면…… 모임에 온 사람 중에 비장애인은 나 혼자뿐이었다. 사람들이 테이블에 앉아 고기를 먹고 술을 마시고 흥겹게 얘기를 나누는 동안, 나는 삼겹살 오겹살이 구워지는 자욱한 연기 속에서 이 불판 저 불판 다니며 고기 굽느라 정신이 없었기 때문이다. 상추가 떨어졌어요. 마늘도 좀더 주시고요. 여기 불판 갈아 주세요……. 주방에다 대고 이렇게 소리치면서, 왼쪽 오른쪽 사람의 입에 번갈아 가며 바쁘게 쌈을 싸서 넣어 주느라…… 모임이 끝날 때까지 나는 자리에 한 번도 앉아 보지를 못했던 것이다!

밍크
양말

며칠 있으면 제이 어머니 생신이다. 제이가 남동생에게 "넌 선물 뭐할 거야?" 묻는다. 동생은 엄마에게 뭐 갖고 싶냐고 묻는다. 엄마 왈, 밍크코트! 힉…… 동생은 안색이 창백해진다. 그리고 누나에게 반격을 한다. 누나는 뭐 살 건데? 글쎄…… 제이가 머뭇거리는 사이, 엄마가 끼어들어 "밍크 양말!"이라고 소리친다.

이러니 동생이 맨날 투덜거린다. 왜 나만 힘들게 일해야 돼? 왜 다들 누나만 감싸고도는 거야? 하지만 어쩌겠는가. 신체가 다른 것을. 동생은 일을 하는 신체이고, 제이는 사랑받는 신체인 것을.

그렇다. 제이에게는 아주 특별한 능력이 있다. 제이와 함께 있으면 숨결이 평온해지고 표정이 온화해진다. 아무리 고집이 세고 뻣뻣한 사람도 제이 앞에서는 상대방을 배려하는 유연하고 따뜻한 신체로 변한다. 제이를 둘러싸고 있는 부드러운 공기 속에는 세상의 거친 욕망을 밀어내는 알 수 없는 힘이 있는 것 같다. 제이에게 몸이 닿는 순간, 사람들이 얻게 되는 고요한 마음의 평화. 그것은 천금을 주고도 살 수 없는 것이다. 제이가 지나갈 때면 가로수 나뭇잎도 반짝반짝 생기를 띤다. 나한테는 왈왈 짖어 대던 동네 강아지도 제이를 보면 다정하게 꼬리를 흔든다. 뭐야! 나만 빼고 세상이 온통 제이랑 한통속인 것 같아, 나는 종종 제이의 남동생이 느끼는 것과 같은 극심한 질투심에 사로잡히곤 한다.

세상에 그런 게 어딨어! 밍크 양말을 선물하는 일은 세상에서 가장 쉬운 일 같기도 하고, 가장 어려운 일 같기도 하다. 동생이 보기에 그것은 "제이는 아무것도 안 해도 된다"는 면책 특권이다. 그러나 제이에게는 세상에 없는 것을 구해 오라는 어려운 수수께끼처럼 느껴진다. 한겨울에 얼음을 깨서 잉어를 잡아 온다거나 싱싱한 딸기를 구해 오는 효자 이야기는 들어 봤지만…… 밍크 양말을 어디서 찾는단 말인가!

날씨가 쌀쌀해졌다. 가을이 지나고 벌써 겨울이 다가오나 보다. 가을은 정말 짧구나. 아, 가을인가 하는 사이, 벌써 바스락거리는 나뭇잎 외투를 길게 끌며 가을이 저만치 떠나가고 있다니. 달력가게의 수영복 입은 사진의 여자가 추워 보인다. 거리의 노인들이 전철역 안으로 모두 들어와 있다. 전철역 안의 계단과 기둥 주위에 노인들이 모여 애기들을 하고 있다. 컵라면을 안주로 소주를 마시는 사람도 있고, 뽕짝 노래를 틀어놓고 모자를 들썩거리며 춤을 추는 사람도 있다. 아악! 뭐하는 거예욧! 어떤 여자가 커다란 치마를 입은 채 주저앉아 엘리베이터 안에서 오줌을 눈다. "병신이 지나가면 길을 비켜 줘야 할 거 아냐!" 목발 짚은 어떤 노인이 목발로 바닥을 탕 탕 두들기면서 사람들에게 호통을 친다. 사람들 사이로 향기로운 냄새가 난다. 전철역 들어오는 입구 층계에 어떤 할머니가 자리를 깔고 앉아 더덕을 깎아서 파시는데, 그 더덕 냄새가 역 안으로까지 들어와서 나지막이 깔린다.

제이도 월동 준비를 한다. 따뜻한 외투를 입고, 장갑을 끼고, 두 터운 수면 양말을 꺼내 신는다. 수면 양말은 원래 밤에 잘 때 신는 거지만 제이에게는 외출용이다. 다른 양말보다 목이 길고 두터워서 따뜻하다. 날씨가 더 추워지면 수면 양말을 두 켤레, 세 켤레 겹쳐서 신으면 된다고 제이는 말한다.

작년 겨울에 제이는 동상에 걸렸다. 동상이라니! 우리 아리따 운 제이 아가씨가 최전방 철책 근무 서는 군인들이나 걸릴 법한 동 상에 걸리다니! 작년 겨울, 제이는 유일한 수입원이었던 작업장 일 마저 끊기고 돈도 없고 일도 없이…… 그야말로 춥고 가난한 시절 을 보냈다. 연말에 우리는 언 손을 호호 불며 명동 거리를 헤매고 다 녔지. 추운데 집에 있지 뭔 청승이냐고? 우리 제이 아가씨께서는 낭 만을 사랑하신다. 반짝, 반짝이는 걸 몹시 좋아하신다. 그래서 명동 거리에 커다란 크리스마스트리 속에 알전구 반짝이는 거 구경하러 우리는 추운 거리를 가련하고도 씩씩하게 활보하고 다녔던 것이다. 그런데 안타깝게도…… 우리가 갔을 때는 아직 깜깜한 밤이 아니 어서 트리에 알전구가 안 켜져 있었다. 알전구가 반짝이지 않는 나무는 제이에게 진정한 크리스마스트리가 아니다. 올해는 수면 양말 준비했으니까…… 명동 가서 크리스마스트리 구경 꼭 하자!

또 한 가지 제이의 월동 준비는 독감 예방주사를 맞은 것이다. 겨울에 활보(闊步)하려면 동상 못지않게 독감을 조심해야 한다. 독감 한번 걸리면 몇 주 드러누워서 꼼짝 못할 수도 있다. 하루라도 활보 안 하면 세상 일이 궁금해서 몸이 근질근질한 제이가 그럴 수는 없지! 독감 예방주사는 밀알 선교단의 어떤 의사 선생님이 백신을 가지고 와서 공짜로 맞혀 주셨다. 난 밀알이 아니지만(밀알 속에 섞인 콩알? 팥알?) 갑자기 열심히 밀알인 척 한다. 찬송가도 열심히 따라 부르고, 기도 시간에 졸음도 억지로 참으면서 신심을 보인 후, 제이 옆에서 슬그머니…… 마치 제이의 것인 양 슬그머니 내 팔뚝을 걸어 내민다.

수면 양말도 준비했지, 독감 예방주사도 맞았지…… 올 겨울은 걱정 없어! 우리는 흡족한 마음으로 활보 마치고 집으로 돌아간다. 집 근처에서 내가 제이에게 돈 이천 원만 꿔 달라고 한다. 뭐 하게? 커피 한 잔 마시려구. 날씨가 추워지니까 진한 블랙커피가 한 잔 마시고 싶다. 그런데 지갑에 보니까 돈이 없다. 그래서 제이에게 돈을 빌리는 것이다. 나는 제이보다 월급이 두 배, 세 배나 많은데 어째서 돈을 빌리게 되는 것은 항상 나인지…… 내가 생각해도 이해가 참 안 된다. 제이는 살림을 규모 있게 살지 못하는 나를 책하듯 옆눈으로 한 번 꼬나본 후, 지갑에 돈 있으니 꺼내 가라고 한다.

─안 그래도 어제 이천 원 입금됐어.

　　─무슨 이천 원?

　　─온라인 알바 한 거…….

　　내가 커피 마시려고 빌리는 이천 원은 지난 달 제이가 온라인 알바해서 번 돈이었다. 그 알바는 온라인 설문에 응답하는 일이다. 온라인 설문조사에 응답하면 포인트가 쌓이고, 이 포인트 누적이 어느 정도 되면 현금으로 전환이 돼서 통장으로 돈이 입금된다. 제이는 이 일을 어떤 아는 언니의 소개로 알게 되었다고 한다. 일단 로그인 하면 1포인트, 설문 문항 하나 응답하면 3포인트가 누적된다. 일주일에 하루는 하나의 테마(예를 들어 '핸드폰', '가전제품', '가정생활' 등등)로 문항수가 많은 설문지가 나온다. 이걸 하면 한꺼번에 100포인트가 쌓인다. 또 광고를 20초 동안 보고 있으면 포인트가 또 얼마 쌓인다고 한다.

　　맙소사…… 내가 단숨에 마시는 커피 한 잔 값을 벌기 위해 제이는 지난 달 한 달 내내 알바를 한 것이다. 2천 점 포인트가 쌓이려면…… 100포인트짜리 큰 설문지는 일주일에 하나밖에 안 나오니 3포인트짜리 자잘한 문제를 얼마나 풀어야 했으며, 광고를 몇 초 동안이나 보고 있어야 했겠는가. 제이는 이 알바를 매일 했다고 한다. 온라인 접속 한번 하면 한두 시간씩 매일 한다. 문제가 어렵지 않아 재미로 할 수 있고, 짬짬이 푼돈을 벌 수 있으니 좋다고 한다. 무엇보다 이 알바 조금만 더 하면 엄마 생일선물도 살 수 있을 것이라고 제이는 말한다.

한 달에 2천 원 버는 알바해서 엄마 생일선물을 산다! 이건 정말 제이만이 할 수 있는 일이다. 시급 30원짜리 노동을 하루도 빼먹지 않고 즐겁게 할 수 있는 사람이 세상에 얼마나 되겠는가. 나같이 성질 급한 사람은 웹서핑 하느라 하루 종일 시간을 낭비할지언정, 그거 앉아서 차분히 미주알고주알 답하는 거, 절대 못한다. 화딱증이 나서 당장 마우스를 집어던질 것이다.

제이는 허황한 꿈을 꾸기만 하는 사람이 아니라는 것. 허황한 꿈을 위해 지금 당장 할 수 있는 일을 언제나 최선을 다해 하고 있다는 것. 나는 진심으로 제이를 존경하게 되었다. 주택청약저축만 해도 그렇다. 작년에 제이가 처음 그 저축에 가입했을 때 나는 홍! 콧방귀를 뀌었다. 그거 2만 원, 3만 원 모아서 언제 집 사냐. 그런데 일년 동안 꾸준히 저축을 해서 제이 통장에는 벌써 100만 원이 넘는 돈이 모였다. 그런데 콧방귀를 뀐 나는 아직 통장도 없다. 맨날 월세 내느라 허덕이며, 커피 한 잔 사 마실 돈이 없어 헤헤 비굴한 웃음을 지으며 제이에게 염치없이 손을 벌린다. 그렇게 비싼 커피를 왜 마셔! 잔소리를 들으면서.

세상에 밍크 양말이 정말 있는지 없는지 모르지만, 그리고 밍크 양말 값이 얼마 하는지 모르지만, 제이는 반드시 밍크 양말을 구해서 엄마한테 생일선물을 할 것이다. 나는 이제 그것을 믿게 되었다.

믿씁니다! 나는 조심스럽게 제이에게 이렇게 묻는다.

—온라인 알바…… 그거 어떻게 하는 거야?

—왜?

—나도 하려구.

—왜?

—연말에 발레 보러 가려구.

—티켓 값이 얼만데?

—27만 원.

감자
먹는
사람들

301호 여자의 탄압은 계속되고 있다. 강아지 두 마리 키우는 것만으로는 성이 안 차는지 여자는 동네 골목을 어슬렁거리는 고양이 한 마리까지 거두어 먹이고 있다.

언제부터인가 3층 복도에 까만 고양이 한 마리가 와서 산다. 내가 지나가면 야옹, 고양이는 화닥닥 계단 쪽으로 달아난다. 복도가 좁아서 나는 들어가고 고양이는 나온다는 게, 고양이가 나한테 몸을 던지며 덤벼드는 것 같다. 어떤 날은 내가 지나가도 흘깃 한 번 쳐다보고는 다시 밥을 먹는다. 뼈다귀 모양의 플라스틱 그릇에 콩알 같은 사료가 가득 담겨 있다. 비가 오면 문 열어 달라고 복도 현관문 밖에서 야옹야옹 애절하게 운다. 그러면 여자가 쪼르르 달려나가서 문을 열어 준다. 바닥이 차갑지 않도록 담요도 깔아 준다. 밤 늦게라도 고양이가 들어와 잘 수 있도록 여자는 항상 복도 문을 조금 열어 놓는다.

집에 들어오면 고양이 덤비지, 개 짖지…… 나는 아주 죽을 지경이다. 대문 앞에까지 와서도 집에 바로 못 들어오고 동네를 몇 바퀴 돌면서 숨을 고른다. 오늘도 무사히…… 살금살금 요강이 있는 내 방으로 무사히 귀환하기를 기도한다.

여자가 너무 경우가 없구만. 부당한 일에 왜 부딪쳐 싸우지 않고 피해의식에 시달리느냐고 얘기할 수 있다. 나도 안다. 이것 보세요! 여기 당신 혼자 사는 게 아닌데 강아지 두 마리에다 고양이까지 끌어들이는 건 너무한 거 아닌가요? 나는 여자에게 이렇게 따져야 할 것이다. 그런데 나는 그렇게 못하고 있다. 왜냐…… 나는 여자가 너무 무섭기 때문이다. 정말 무섭다. 여자는 내 인내력의 한계를 넘어서 버렸다. 그 결정적인 사건은 여자가 거두어 먹이는 고양이가 발정난 밤에 벌어졌다.

고요한 밤…… 뭐가 방문에 쾅쾅 부딪치는 소리에 놀라 나는 잠을 깼다. 그것은 발정난 고양이 두 마리가 서로 엉겨 붙어 교성을 지르며 몸싸움을 하는 소리였다. 고양이들은 고요한 밤의 정적을 사정없이 찢어발기며 밤새 난투극을 벌였다. 당연히 나는 잠을 못 잤다. 아침에 퀭한 눈으로 문을 열고 나가 보니…… 돈가스 소스 냄새 같은 게 확 끼쳤다. 그리고 복도 벽과 바닥에 온통 진한 밤색 소스가 휘뿌려져 있었다. 그것은 발정난 고양이가 극도의 흥분 상태에서 싸갈긴 똥이었다. 오오…… 이때 나는 딸깍, 하고 내 안에서 어떤 스위치가 전환되는 것을 느꼈다.

여자는 여전히 고양이 밥그릇을 치우지 않는다. 나 또한 여자에 대한 증오심을 멈출 수가 없다. 그런데 참혹한 밤 이후, 나는 여자와 싸울 용기가 없는 나 자신을 받아들이기로 했다. 나는 무력하다. 나는 차라리 더 무력해지기로 했다. 하루 종일 열심히 일하고 집에 들어오면 여자도, 개도, 고양이도 신경 안 쓰고 곯아떨어지는 것. 몸과 마음의 힘을 완전히 빼는 것이다. 다행히 잔머리 안 굴리고 우직하게 몸을 많이 써야 하는 활보 일은 그런 일로 안성맞춤이다. 이른 아침부터 시작해서 저녁 늦게까지 일하는 활보 강행군을 나는 다시 시작했다. 하루 두 명의 활보를 하는 것이다. 아침에는 H의 가사 활동보조('누룽지' 편에서는 다른 활보 대신 하루만 일했는데 이제 오전 시간에 H를 고정적으로 만나게 되었다), 오후에는 제이의 외출 보조를 한다. 생활비를 더 벌어야 하는 형편이기도 하지만, 이렇게 일하는 시간을 더 늘리면서 나는 집에 들어가는 일이 전보다 편해졌다.

아침에 활보하는 H에게서 나는 경이로움을 느낀다. H는 잠자는 시간 빼고는 하루 종일 활보와 함께 있다. 하루 서너 명의 활보가 와서 H와 일상을 함께하는 것이다. H의 몸은 여러 활보들의 활동 장소이다. 아침에 목욕을 하기 위해 H는 내 앞에서 알몸이 되어야 하는데, H는 그것을 전혀 이상하게 생각하지 않는다. H는 다리 근육이 비틀려져 있어서 다리와 사타구니 사이 살이 접힌 부분이 항상 가렵다. H는 거기를 박박 문질러 씻어 달라고 한다. 옷을 입을 때 나는 H의 젖통을 번쩍 들어 브래지어 안에 집어넣는다. 이런 행동들이 저기 탁자 위에 있는 컵을 여기로 갖다 달라고 하는 일처럼, 컵에서 엎질러진 물을 닦아 달라고 하는 일처럼 자연스럽다. 누가 내 신경 조금 건드리는 거 못 참는 나로서는 자기의 몸을 여럿이 함께 활동하는 하나의 '장소'로 대하는 H가 놀랍다.

　요즘 제이는 글을 쓰느라 낑낑거린다. 밀알 선교회에서 연말에 공모전을 하기 때문이다. 입상하면 상금을 준다. 상금 받으면 뭐 할까 기대하며 제이는 열심히 글을 쓴다. 제이는 돈 생기는 일이라면 뭐라도 한다. 나는 그게 심히 걱정된다. 혹시 돈 준다고 해서 아무나 따라갔다가 유괴당하지 않을까 하고 말이다. 글에서 제이는 겨울의 느낌을 '따뜻하다'고 했다. 날씨가 추운 대신 사람들이 온정을 나누는 계절이기 때문이다. 그리고 겨울, 하면 금방 찐 감자를 여럿이 둘러앉아 나누어 먹는 모습이 떠오른다고 한다.

　그런데 이때, '찜통에서 찐 감자'를 어떻게 표현해야 할지……금방 찐 감자의 느낌을 표현할 적당한 형용사를 제이는 나한테 묻는다. 찜통에서 찐 '파근파근한' 감자. 제이는 처음에 이렇게 썼다. 그런데…… 파근파근? 그런 말은 처음 들어본다, 얘. 제이의 엄마가 그 표현은 좀 이상하니 활보 언니한테 물어보라고 했단다. 글쎄…… 금방 떠오르기는 '따끈따끈'이라는 형용사이다. 찜통에서 찐 따끈따끈한 감자. 이렇게 쓰니까 편안하기는 하다. 그런데 왠지 꼭 맞는 느낌은 아닌 것 같다. 파근파근이 더 맞는 것 같기는 한데 그 말은 좀 낯설고 어색하다. 따끈따끈이라고 할까, 파근파근이라고 할까…… 고민하다가 제이는 결국 '따끈따끈'이라고 쓴다.

아이구, 골치 아파. 우리는 머리도 식힐 겸 미술관에 가기로 한다. 예술의 전당에서 마침 고흐 그림을 전시하고 있다. 나는 제이에게 고흐의 그림을 본 적 있느냐고 묻는다. 제이는 없다고 한다. 그런데 고흐라는 화가 이름은 들어 봤다고 한다. 그 사람…… 귀가 한 쪽 없는 사람 맞지? 같은 장애인으로서 제이는 고흐에게 깊은 관심과 우정을 느끼는 것 같다.

전시장 입구의 유리문에는 피에르 광장의 정원에 연인들이 산책을 하고 있는 그림이 그려져 있었다. 전시장의 유리문을 열고, 우리는 빛과 색의 향연 속으로 들어갔다. 고흐는 얼마나 정직하고 성실한 화가인가. 그는 자신의 느낌을 끝까지 따라가서 본다. 그리고 그것을 숨김없이 드러낸다. 고흐의 그림을 보고 있으면 겨울날 따뜻한 햇볕을 쬐는 느낌이다. 고흐의 그림 중에서 나는 「감자 먹는 사람들」을 가장 좋아한다. 어두운 부엌에서 식구들이 감자를 나누어 먹는 그림. 감자에서 빛이 뿜어져 나온다. 그 감자는 가난한 사람들에게 몸의 양식이 될 뿐만 아니라 마음의 양식까지 되어 주는 것 같다. 전시실의 어둑신함 속에서 그림의 빛을 쬐고 있는 제이와 나의 모습이 마치 고흐 그림 속의 감자 먹는 사람들 같다.

이번 전시회에서 재미있었던 것은 고흐가 물감과 캔버스를 아끼기 위해 그것들을 재활용한 그림이었다. 캔버스에 그림 하나만 그린 게 아니라 덧칠을 해서 계속 새로운 그림을 그린 것. 그런데 요즘은 엑스선 촬영을 해서 밑그림을 알아낸다. 고흐가 카페에 앉아 있는 세가토리를 그린 그림 아래에 엑스선 촬영을 한 밑그림이 함께 전시되어 있다. 밑그림에는 또 다른 여인의 흉상이 그려져 있었다. 하하, 세가토리가 보면 화내겠어. 속으로 딴 여자 생각을 하고 있었다니! 제이랑 나는 웃었다. 그리고 고흐는 캔버스를 아끼기 위해 캔버스의 양면에 다 그림을 그렸다. 해바라기가 있는 풍경 뒷면에 농부 여인의 초상이 함께 그려져 있었다. 또 캔버스가 없어서 차(茶)를 담은 나무 상자에 그린 그림도 있었다.

고흐는 정말 알뜰하구나. 제이는 감탄한다. 그리고 고흐에게 물감도 사 주고 방도 얻어 준 동생 테오에게 감동한다. 나한테도 그런 동생이 있었으면……. 제이의 동생은 물감을 사 주기는커녕 맨날 누나 뜯어먹을 궁리만 하니 말이다. 누나, 집에 들어올 때 새우깡 큰 거 하나 사 오면 안 잡아먹지. 아이스크림도 하나 사 오면 더 예쁘지. 맨날 이런 문자나 날리는 것이다.

그림을 다 보고 나서 제이는 고흐에 대한 느낌을 두 단어로 표현했다. 섬세하다. 강렬하다. 고흐 그림 속에는 나뭇잎 하나하나가 다 살아 있다. 보이지 않는 것을 보는 눈. 그래서 자화상 속의 고흐 눈빛은 불꽃 같다. 방의 침대, 아몬드 나무, 해바라기, 밀밭의 까마귀, 꿈틀거리는 땅, 소용돌이치는 밤의 어둠과 별빛…… 이 모든 것이 고흐 바로 자신의 모습인데 그 눈빛, 표정, 색과 붓터치에서 모두 벅찬 삶의 열정이 터져 나온다. 고흐가 자화상을 많이 그린 것은 특히 제이에게 인상적이다. 왜냐하면 제이 또한 계절이 바뀔 때마다 달라지는 풍경 앞에서 자기 모습을 담은 사진 찍기를 좋아하기 때문이다. 역시…… 고흐랑 나랑 통하는 점이 있나 봐…… 제이는 흡족해져서 전시실을 나온다.

그림을 다 보고 나와서 우리는 전시실 옆의 선물가게에 간다. 다음 주면 밀알 모임이 종강을 한다. 종강 모임 때 밀알의 친구들은 송년 선물을 주고받기로 했다. 선물은 각자 마음을 담아서 소박하게 준비하면 된다. 선물을 뭘 준비할까 고민했는데 여기 가게에 보니까 고흐 그림이 담겨 있는 예쁜 선물들이 많이 있다. 그림엽서, 찻

잔, 우산, 가방, 필통, 액자 등등…… 여기서 제이는 고흐의 해바라기 그림을 맞추는 퍼즐을 한 통 샀다. 선물을 받게 되는 사람은 얼마나 신기할까. 평범한 삶의 한 조각 한 조각이 위대한 예술 작품의 일부라는 것을 알게 된다면!

나는 고흐의 방이 그려진 엽서 한 장을 샀다. 이 방에서 고흐는 그림을 그렸던 것일까. 고흐의 방에는 요강은 없구나. 고흐도 어쩌면 301호 여자를 피해 달아나기 위해 그림을 그렸는지 모른다. 밤에 쉴 수 있기 위해서, 편안한 잠을 잘 수 있기 위해서 미친 듯이 그림을 그리는 활보를 했는지도 모른다. 나는 그림 속 고흐의 방에서 잠시 숨결이 편안해진다. 지옥의 관문을 통과하여 비로소 내 방에 와서 쉴 수 있게 된 것 같다. 후유…… 고흐의 그림을 보면서 내가 이렇게 안도의 숨을 내쉬고 있자니까 옆에서 제이가…… 뭐 하냐고, 빨리 집에 가자고 하면서 이렇게 묻는다.

—근데…… 고흐를 보고 사람들이 왜 '빈센트 반 고흐'라고 하는 거야? 귀가 반밖에 없어서 '반' 고흐라고 하는 거야?

목욕
테라피

"기상, 기상, 빨랑 눈을 떠!" H의 문자를 받고 나는 아침에 잠을 깬다. 아침 활보 나설 시간. 겨울이 되자 해가 늦게 뜨는 바람에 나도 따라 늦잠을 자게 된다. 알람을 맞춰 놔도 끄고 자 버린다. 창문이 밝아 와야 눈이 떠진다. 내 몸은 소리보다 빛에 더 잘 반응하나 보다. 아이구, 우리나라도 이제 선진국 됐다는데 아침잠 설쳐 가면서까지 일할 게 뭐람. 나는 이불을 푹 뒤집어쓰고, 눈을 뜨고도 한참 동안 이불 속에서 빠져나오지 못한다. 따뜻한 이불 속에서 빠져나오는 데는 약간의 각오가 필요하다. 이불 바깥은 냉동실이다. 올겨울, 나는 방에 보일러를 틀지 못하고 있다. 난방비가 무서워서이다. 지난 달 이틀 정도 보일러를 '외출'이 아니라 '실내'로 맞춰 놨더니 평소 만 원도 안 나오던 난방비가 삼만 원 넘게 나왔다. 히익! 집에 들어오면 잠밖에 안 자는데 방 덥힐 거 뭐가 있어. 바닥만 따뜻하면 되지. 나는 전기장판 하나로 꿋꿋이 겨울을 나고 있다. 이불 속에서 얼음물에 손을 담가 보듯 조심스럽게 이불 바깥으로 손을 내밀어 본다. 핸드폰을 집어 시계를 본다. 힉, 늦었다 늦었어! 그제야 화다닥 이불을 박차고 뛰쳐나가면서 시작되는 아침의 활보.

그런데 참 이상하다. H는 매일 어떻게 그렇게 일찍 일어날까? 새벽같이 일어나 활보한테 모닝콜 해주고 기다릴 수 있을까? 천성이 부지런한 걸까? H한테 물어보니…… 밤에 H는 한 시간에 한 번씩 잠이 깬다고 한다. H는 뇌병변장애인이라 근육의 경직이 심해서 온몸이 항상 땅기고 저리는데, 특히 골반 쪽의 통증이 심해서 진통제 없이는 견디기가 힘들며 잠을 깊이 못 잔다고 한다.

병원에서 엑스레이 사진을 찍어 봤더니 고관절에 맞물린 다리뼈가 제자리에 있지 않고 바깥으로 약간 빠져나왔다. 다리뼈가 어긋난 상태로 고관절에 연결되어 있는 것이다. 그러니까 다리로 지탱하고 설 수가 없으며, 근육이 땅겨서 다리를 굽혔다 폈다 하기도 힘들다. 그리고 어긋난 다리뼈가 자꾸 고관절 윗부분 골반뼈를 찌르게 된다. 충격을 완화시켜 주는 고관절의 연골이 닳아서 제대로 완충 역할을 못해 골반뼈가 항상 아픈 것이다. 의사 선생님 말씀으로는 근육의 마비로 다리뼈가 어긋난 거라서 그걸 지금 어떻게 바로 맞추기는 힘들고, 닳은 연골을 아예 제거해 버리면 통증이 덜할수도 있다고 하신다. 그러나 그럴 경우, 부근의 신경을 건드려서 어떤 부작용이 생길지 모르니 수술은 하지 말고 물리치료 받으면서 상태를 좀더 두고 보자고 하신다.

병원에서 이런 진단을 받고 H는 요즘 일주일에 두 번 물리치료를 받으러 다닌다. 팔을 기지개를 켜듯 머리 위로 쭉 뻗쳤다 내렸다 하는 운동. 침대에 누운 상태에서 물리치료사 선생님이 H의 다리를 붙잡고 굽혔다 폈다 하는 운동. 그리고 침대에 앉아서 하나 둘 셋…… 열 셀 동안 버티기. 이때 턱을 내밀지 않고 목 안쪽으로 집어넣고 등을 반듯하게 펴서 앉아 있는 연습을 한다. 그리고 침대에 누운 상태로 몸을 고정시키고 침대를 세워 서 있는 연습을 한다. 침대가 몸을 지탱한 상태에서 서 있는 거지만, 그래도 다리에 하중이 실리는 거라 무릎이 자꾸 꺾인다. 처음에 H는 이 운동을 몹시 힘들어했다. 15분가량 서 있는 건데 5분 정도 지나면 힘들다고 내려 달라고 했다. 그런데 요즘은 끝까지 버틴다. 끝나고 나서도 그다지 힘들어 하지 않는다. 근육에 힘이 좀 생긴 것 같다.

H가 모닝콜을 해줬음에도 불구하고 나는 약속 시간에 늦었다. 어 미안, 오줌 마려웠지? 내가 가야 화장실에 갈 수 있으니 나를 기다리는 일 분 일 초가 H에게는 영원보다 길게 느껴졌을 것이다. 그런데 뜻밖에도 H는 초연하다. 오줌 한두 시간 참는 건 일도 아냐.

H는 하루에 오줌을 세 번밖에 안 눈다고 한다. 아침에 일어나서 한 번, 오후에 한 번, 자기 전에 한 번. 겨울에 날씨가 추울 때는 네 번 눌 때도 있다. 땀을 안 흘리니 몸의 수분이 주로 오줌으로 빠져나가나 보다. 대신, 땀을 많이 흘리는 여름에는 하루 두 번. 어머나…… 나는 밤에 자다가도 두세 번씩 일어나 오줌 누러 가는데 어떻게 그럴 수가 있지? H는 시설에서 오래 살아서 그렇다고 한다. 화장실 가

려면 매번 다른 사람의 도움을 빌려야 하니 어지간하면 참고 살았던 습관이라고. 살았던 환경이 사람의 생리까지 조절하는구나.

H는 올해 마흔아홉 살이다. 그 나이면 일반적으로 결혼해서 애들 다 키우고 노년을 준비하는 시기이다. 그런데 H는 이 시기의 대부분을 장애인 보호 시설에서 살았다. 그러다 1년 반 전에 시설에서 나왔다. 사람들이 나이를 물을 때면 H는 농담처럼 "17개월 됐어요"라고 대답한다.

마흔아홉 살 난 신생아라니…… 너무 늦게 태어난 것 같다. 하지만 이때의 출생을 생물학적인 삶의 시작이 아니라 사회적 삶의 시작이라고 한다면, '자기의 삶'을 시작한 지 17개월이면 매우 이른 것도 같다. 노자는 백발이 성성한 나이 여든에 태어났다고 하지 않는가. 죽을 때까지 이런 저런 세상의 틀 속에 갇혀 온전한 자기의 삶을 시작하지 못하는 사람이 얼마나 많은가. 그런데 H는 쉰을 바라보는 나이에, 혼자서는 누운 자리에서 일어나 앉을 수도 없는 몸으로 "내 힘으로 살겠다"며 지금까지 자신에게 익숙한 삶을 훌훌 털고 새로운 삶을 시작했으니 용기가 대단하다.

H는 일곱 살 때 집에서 버려져 혼자 길을 헤매다 기차에 치였다. 몇 번의 대수술 끝에 간신히 목숨은 건졌으나 뇌 손상으로 이후 중증 뇌병변장애인으로 살아야 했다. 열아홉 살 때까지 병원에서 치료받으며 살았고, 병원에서 나와 재활원에서 2년 정도 살다가, 재활원에서 어떤 남자가 좋아한다, 같이 살자며 H를 데리고 나와서는

어떤 장애인 보호 시설로 팔아넘겨졌다고 한다.

첫번째 시설에서 20년 정도 살았는데, 이 시설이 완전 악랄한 미신고 시설이었다. 70명의 원생들이 남자 방, 여자 방 두 칸에서 같이 살았다. 그것도 처음엔 바닥도 벽도 없이, 흙바닥에 비닐만 씌운 천막이었다고 한다. 기독교 단체에서 운영하는 시설이라 매일 아침 5시만 되면 일어나서 기도를 해야 했다. 하루 종일 "아버지 도와주세요" 외치며 릴레이 통성기도를 했다. 규칙을 어기면 금식. 사흘 금식은 기본이고, 20일씩 금식 기도를 시키기도 했단다.

여기서 H는 그야말로 '개처럼 살았다'고 한다. 원장이 가정교육을 시켜 준다며 자기 집에 데려가서는 H에게 현관문을 지키게 했다. 남편이 바람을 피우는 것 같은데 어떤 년이 들어오는지 여기 앉아 지켜보고 붙잡으라는 것. H는 그 집에서 달아났다. 어떤 시골 교회에 숨었다. 그런데 원장이 찾아와 H를 다시 시설로 데려갔다. 창고로 끌려가서 H는 발바닥을 몽둥이로 두들겨 맞았다고 한다. 그러고도 몇 번 더 H는 시설에서 달아났다 번번이 다시 끌려왔다.

이후 H는 시설에서 요주의 인물로 찍혀 외부 사람들(교회 등에서 오는 후원자들)과의 접촉이 힘들어졌다. H는 성경공부를 하는 척하면서 컴퓨터로 다른 시설들을 알아봤다. 여기서 나가겠다! H가 시설에서의 탈출을 시도하던 중 시설이 망했다. 미신고 시설이라고 정부에서 조사가 나왔고 폐쇄 조치가 취해진 것. 원생들은 가족들에게 돌아가거나 다른 시설로 보내졌다. H도 다른 시설로 보내졌다.

이렇게 해서 H가 살게 된 두번째 시설은 첫번째 시설보다는 훨씬 좋았다. 한 방에 다섯 명 정도가 살았고 이들을 보살펴 주는 복지사가 두 명씩 있었다. 먹고 자고 하는 데 크게 불편한 점이 없었다. 그러나 개인 시간이 없었다. 하루 종일 시설에서 정한 프로그램만 해야 되고 외출을 할 수 없었다. 여기서 H는 깨달았다. 좋은 시설이란 없구나. 사방에 금칠을 해도 남이 시키는 대로 사는 건 감옥이구나. 이제 H는 '여기보다 더 나은 시설로 가고 싶다'가 아니라 '어떤 시설에서도 살고 싶지 않다'는 생각을 하게 된다.

나 여기서 나가고 싶은데 어떻게 하면 되니? H는 어떤 지인의 소개로 장애인 자립생활센터를 알게 되고, 이 센터의 도움으로 시설에서 완전히 나오게 되었다. 시설에서 나올 때 많이 싸웠다고 한다. 너 우리가 얼마나 잘 해주는데 왜 나가려고 하냐. 너는 한 명도 아니고 두 명은 옆에 붙어야 움직일 수 있는 몸인데 너 혼자 밖에 나가서 어떻게 살려고 하냐. H는 "단 하루라도 내 멋대로 살고 싶다"고 하면서 시설에서 나왔다.

H의 나이는 마흔아홉 살이라고 했는데, 이게 확실치가 않다. H는 자기의 생년월일을 정확하게 모른다. 지금 주민등록상의 기록은 시설에 있을 때 주민등록증을 만들기 위해 임의로 정한 거라고 한다(그러니까 내가 누룽지를 본의 아니게 생일선물로 준 날은 이때 만든 주민등록상의 생일이다). 마흔 넘어서. 그때까지 H는 주민등록증 없이 살았다. 시설에서 살면서 선거에는 한 번도 참여해 본 적이 없다. 시

설에서 나와서 처음 투표란 걸 해봤다. H의 이름도 원래와는 다르다고 한다. 이름도 병원에 살 때 물리치료사 선생님이 서류 처리를 위해 만들어 주신 거라고.

이름도 몰라요, 성도 몰라요, 생년월일도 몰라요…… 그럼 넌 뭐지? H는 존재 자체가 수수께끼다. 심지어 H는 자신의 체중과 키도 정확하게 모른다. 체중계 위에 올라갈 수가 없으며, 키를 재는 기계 앞에 설 수도 없기 때문이다.

전에 H랑 건강검진을 받으러 갔다가 아주 황당했던 일이 있다. 의료보험공단에서 무료로 실시한다는 건강검진. 이 검진을 받기 위해 H는 전날 저녁부터 아무것도 안 먹고(속을 비워야 한대서), 병원 예약한 시간에 늦지 않기 위해 콜택시까지 타고 갔는데…… 이 건강검진이라는 것이 참으로 어이가 없다. 접수처에서 현재 건강 상태를 점검하는 설문지 서너 페이지나 되는 걸 작성하고 온갖 개인 정보를 기록한 후 겨우 검사실로 들어갔다. 원래는 엑스레이 촬영, 위내시경, 유방암 검사, 자궁암 검사 등등 해서 10가지 이상 검사를 해야 한다. 그런데 H는 거의 아무것도 할 수 없었다. 소변 검사 하려면 화장실 가서 소변 채취를 해야 하는데 이 병원 화장실에는 휠체어가 들어갈 수가 없다. 그래서 소변 검사도 못하고. 엑스레이 찍으려면 기계 앞에 가슴을 펴고 서 있어야 하는데 H는 서 있을 수가 없다. 그러니 엑스레이도 못 찍고. 결국 H는 눈에 숟가락 같은 거 대고 시력 재는 거랑, 피 뽑는 거, 그리고 혈압 재는 거밖에 못했다.

가장 어이가 없었던 건 그 엄청난 기계와 장비를 갖춘 병원에서 H의 체중과 키도 측정할 수 없었다는 거. 병원에 체중과 키를 함께 잴 수 있는 기계가 있는데 여기 올라가서 잠시 서 있어야 한다. 그러면 체중이 측정되고 위에서 자 같은 게 내려와서 머리 꼭대기를 탁치고 올라가면서 키를 잰다. 그런데 H는 이 기계 위에 올라가 서 있을 수가 없는 것이다. 내가 부축을 해서 어찌어찌 기계 위에 올라가기는 했는데, H가 몸을 펴기도 전에 키 재는 자가 내려와서 머리를 찍고 올라가 버렸다. 결국 포기하고 간호원은 내 키와 체중을 물었다. 눈대중으로 보니 나랑 체구가 비슷해 보인다며 내 키와 체중에서 숫자 조금을 더 보태서 차트에 기록했다. H의 체중을 잴 수 있는 방법이 있긴 하다. 내가 H를 끌어안고 같이 저울 위에 올라가는 것이다. 그리고 거기서 내 체중을 빼는 것. 하지만 정말, 그렇게까지 해야 하나 싶어 우리는 그냥 병원을 나오고 말았다.

H와 내가 아침에 같이 하는 중요한 활동은 용변 보고, 씻고, 아침밥을 먹는 일. H가 화장실에서 힘을 주고 있는 동안 나는 방을 쓸고 닦고, 빨래 바구니가 가득 찼으면 세탁기를 돌린다. 그리고 이 집은 H 혼자 사는 집이 아니라 몇 명의 친구들이 함께 사는 공동생활 주택 ── 체험홈이기 때문에 같이 쓰는 공간의 청소, 쓰레기 버리기는 당번을 정해서 돌아가면서 한다. 아침의 활동 중에 우리가 제일 좋아하는 것은 '씻는' 활동이다.

내가 살고 있는 집에는 따뜻한 물이 잘 안 나온다. 그리고 욕실이 파카 입고 나가야 하는 복도 저쪽 바깥에 있기 때문에 요즘 같은 엄동설한에는 샤워는커녕 세수도 간신히 하는 형편이다. 그리고 욕실 옆에는 바로 그 무서운 301호 여자가 산다! 옆집 신경을 건드릴까 봐 찔끔찔끔 나오는 물소리에도 나는 심장이 조그맣게 오그라드는 것 같다. 이래서 제 집이 있어야 한다고 어른들이 말했던 것이로구나. 숨 쉬는 것도 눈치를 봐야 하는 셋방살이 서럽다. 내 반드시 더운 물 펑펑 나오는 집을 마련해서 이사하리라! 이렇게 마음먹지만 활보 일해서 내 집 장만하려면 지금과 같은 생활을 적어도 십 년은 더 해야 한다. 끙!

그런데 H네 집에 와서 나는 깜짝 놀랐다. 이 집에는 더운 물이 펑펑 나오는 것이다! 따뜻한 물로 H는 이틀에 한 번씩 샤워를 한다. 보일러도 틀지 않은 방에서 온수 없이 겨울을 나고 있는 나로서는 실로 믿기지 않는 일이다. 나는 가난한 가정부가 주인집 장보며 쾌감을 느끼듯 더운 물을 맘껏 쓰며 H를 목욕시켜 주면서 카타르시스를 느낀다. 목욕을 할 때 나는 H의 몸에 따뜻한 물을 아낌없이, 정말 아낌없이 쏟아붓는다. 내가 물세 내는 것도 아닌데 뭐 어때. 언니, 펑펑 쓰자구! 나는 갑자기 H를 '언니'라고 부른다. 그리고 쏟아지는 따뜻한 물의 축복 속에서 우리가 마침내 혼연일체의 하나가 된 기쁨으로 들떠서 타월에 비누 거품을 부글부글 부풀리며 마구 떠든다. 언니, 이건 목욕이 아냐. 치료야 물리치료. 맞지? 목욕 테라피!

진짜다. 온수 목욕은 물리치료의 효과가 있다. 어 시원해. H는 샤워를 하고 나면 몸이 개운해지고 기분이 아주 좋아진다고 한다. 피로가 풀릴 뿐만 아니라 경직이 심한 근육의 긴장도 풀린다고 한다. 거 봐 언니, 병원에서 물리치료 받는 것보다 더 좋지? H는 마지못해 고개를 끄덕인다. 그리고 나보고도 따뜻한 물로 좀 씻으라고 한다. 오오…… 물의 은혜가 나에게도…… 흑, 나는 감격해서 눈물이 나려고 한다. 아냐 언니, 난 이따 활동 끝나고 시간 남으면 세수나 좀 할게. 이렇게 예의바르게 사양을 한 후, 나는 갑자기 바빠진다. 언니 빨리 옷 입자. 어? 빨래 할 게 별로 없네. 저건 내일 옆방이랑 같이

세탁기 돌리면 되겠어. 아유 반찬 만드는 건 오후 활보더러 해달라 그래. 내가 솜씨가 있어야지. 뭐? 야채 사러 시장에 다녀오자구? 안 돼. 날씨가 이렇게 추운데. 빙판길에 미끄러져. 오늘은 말고 내일 가자 응? 이렇게 서둘러 활동을 끝내고 어떻게든 나를 위한 '테라피'의 시간을 확보한다.

그래서 마침내 따뜻한 물을 세면대 가득 받아 어푸어푸 요란한 소리로 얼굴을 씻을 때…… 웅크린 등이 쭈욱 펴지는 느낌. 그리고 겨우내 참았던 숨이 하아 터진다. 앗, 그런데…… 아침의 활동 중에 한 가지 빼먹은 게 있다. 언니, 약 먹을 시간이야! 지난번 진료받은 병원에서 아침저녁으로 하나씩 먹으라고 지어 준 약. 이게 사실은 진통제지만, 이거라도 안 먹으면 하루를 버티기 힘들다. 그런데 H가 오늘은 약 안 먹어도 될 것 같다고 한다. 엉? 목욕 테라피의 효과인가? 갑자기 통증이 싹 사라진 건가? 내가 깜짝 놀라 물으니 H는 이렇게 대답한다.

　—술하고 약하고 같이 먹으면 안 되거든.
　—그래서?
　—오늘 저녁 술 약속이 있거든.
　—그런데?
　—술 먹어야 되니까 약은 안 먹을래.

에필로그

⋮

제이와의 만남

제이와의 만남은 『활보 활보』의 원고가 만들어질 때부터 우리의 소망(?)이었다. 이소라의 '바람이 분다'보다 더 애절하게 "바람이 분다, 학교에 가고 싶다"고 일기를 썼던 조숙한 어린이에서 자기를 번쩍 안아서 함께 계단을 올라 줄 진짜 멋진 남자를 만나기 위해 공공시설 출입구의 경사로는 있어서는 안 된다고 주장하는 앙큼한 이기주의자(?)로 성장한 이 아가씨가 우리는 몹시도 궁금했다. 이 책의 필자이자 제이의 활보인 정경미 선생님을 통해 제이를 만나고 싶다는 의견을 타진했고 제이 역시 흔쾌히 콜! 우리가 어디로 가면 되겠느냐는 물음에 돌아온 대답은, '역시 제이'였다.

— 삼청동길 올라가는 길목 카페.

해서 입춘에 우수까지 지난 봄의 길목, 아니 삼청동길 올라가는 길목의 큰 카페에서 우리는 만나기로 했다. 그러나…… 삼청파출소 옆의 그 카페는 우리를 허락하지 않았다. 본사의 허락 없이 촬영이 불가능하다는 대형 커피전문점 직원의 설명에 따라 우리는 급하게 약속 장소를 바꿔야 했다. 다행히 제이와 정경미 선생님은 아직 도착하지 않은 상황. 한 집 걸러 하나씩이 카페인 삼청동이었건만 휠체어를 타고 올 제이와 함께 들어갈 카페를 찾자니 쉽지가 않았다. 입구가 계단인 곳은 물론이고 건물 안이 좁은 곳도 실격. 발끝마다 걸리는 것이 카페가 아니라 카페마다 우리의 발을 걸고 있었다. 간신히 새로운 카페를 찾아놓고 새로운 장소로 제이를 안내하기 위해 정독도서관 앞으로 마중을 나갔다.

잠시 후, 정경미 선생님이 나타났다, 당연히 제이와 함께. 나폴거리는 파마머리를 옆으로 살짝 묶고, 반달 같은 눈웃음을 지으며 등장한 그녀, 제이와 함께 나누었던 이야기들을 여기에 풀어놓는다.

제이라는 여자, 그녀의 사생활

북드라망(이하 ●●●으로 표시) 자기소개 간단히 부탁드릴게요.

제이 안녕하세요. 저는 올해 서른두 살인 김정선이라고 합니다. 1남 1녀 중 장녀이고, 지금은 부모님과 함께 살아요. 동생도요. 저는 태어날 때부터 장애를 입고 태어났는데, 몸이 약해서인지 부모님의 사랑을 많이 받고 자랐어요. 장애 때문에 부정적인 생각을 안 해본 건 아니지만, 특히 사춘기 때는 '내가 이렇게 태어나지 않았더라면' 하는 생각에 울기도 하고. 그렇지만 밝게 자란 편이었어요. 군포에 살다 서울로 이사를 왔고, 서울에 와서 처음에는 너무 심심하고 그랬는데 지금은 좋은 친구들을 많이 만나서 재미있게 살고 있어요.

●●● 선생님이 『활보 활보』에 제이 씨랑 있었던 일들을 글로 쓰신다고 할 때 기분이 어떠셨어요? 자기 얘기가 모르는 사람에게 알려지는 건데……

제이 좋았어요. 엄청. 솔직히 말해서 저를 알리고 싶은 욕구가 많아서 글을 쓴다고 하시길래 너무 좋았고 단지 제가 곤란한 이야기는 하지 않는 걸로 약속하고 찬성했어요. 재밌겠다는 생각이 들었고, 무엇보다 저에 대한 이야기가 세상에 공개된다고 하니 저를 알리는 기회도 되겠구나 하는 생각이 들었어요. 처음 서울에 와서 너무 심심하고 답답하고……. 집에서 컴퓨터만 하는 게 너무 싫었어요. 누구를 좀 만났으면, 누가 나를 좀 알아봐 줬으면 하는 마음이 컸어요. 그래서 제가 저를 〈인간극장〉에 제보한 적도 있어요(20대 때). 그런데 연락이 안 오더라구요.(웃음) 저는 사람들에게 제 이야기를 들려주고 싶은데 그걸 언니(정경미)가 해주니까 좋아요.

●●● 저희(북드라망) 블로그에 제이 씨 팬들이 많았어요.
제이 네. 저희 엄마도 "사람들이 보는 눈이 높구나!"라고 하셨어요.
(일동 빵 터짐)

●●● 혹시 정경미 선생님이 글로 쓰신 제이랑 본인이 생각하는 자기 모습이 달라서 당황했거나 항의를 하신 적은 없나요?
제이 없다고 하면 말이 안 되죠. 전에 오빠랑 싸운 얘기. 그걸 다른 사람들이 보면 혹시나 오해할까 봐 좀 걱정했어요. 제가 그 오빠를 좋아한다고 다른 사람들이 오해할까 봐.

●●● 어? 오해했는데?!

정경미 우려한 바가!!^^

●●● 이야기 나온 김에, 그래서 오빠랑은 결국 어떻게 됐나요?

제이 사실 오빠랑 화해하고 싶어서요, 여름 내내 포기하지 않고 오빠 마음을 돌려 보려고 노력을 많이 했어요. 오빠한테 문자도 많이 보내고 미안하다 뭐 그런 말도 많이 하고, 근데 오빠가 쉽게 안 풀리는 거예요. 제가 잘못 많이 했으니까, 그래도 오빠랑 어쨌든 화해를 하고 싶어서, 다시 잘 지내보고 싶어서 노력했어요. 그래서 오빠 마음을 돌렸어요.

●●● 오빠 마음 돌렸어요?

제이 오빠랑 얘기하면서 잘못한 부분 말하면서 인정하고 앞으로는 그러지 않겠다, 고립된 생각을 버리고 변화하는 모습을 보여 주겠다고 다짐을 했어요. 그전 같으면 오빠가 부탁한 걸 잘 안 듣고 그랬는데 이젠 잘 받아들이고 예전처럼 잘 지내고 있답니다.

●●● 제이 씨는 항상 바쁜 것 같아요. 하루 일과가 어떻게 되나요?

제이 주로 오후 시간부터 활동을 하는데 그날그날 일정이 있어요. 그 일정 외에는 활보와 함께 제 의견에 맞춰서 스케줄을 짜요. 요즘에는 취업하려고 여기저기 취업상담을 받으러 다녀요.

정경미 보통 금요일에는 인권강사 아카데미 가고, 목요일에는 밀알 모임 가고. 계속 복지 일자리 했으니까 매일 복지 일자리 가고. 복지 일자리 끝나고 시간이 조금 남으면 미술관이나 공원 이런 데 가고. 큰 스케줄은 이제 새해가 됐으니까 다시 잡아야 하는데, 일하는 거랑, 신앙모임이랑, 그 뭐지? 공부하는 거 아카데미, 이 세 개로 일주일이 꽉 찼어요.

••• 인권강사 아카데미에서는 공부를 마친 걸로 아는데, 계속하시나 보네요. 인권강사 활동은 아직인가요?

제이 작년에 1년 공부를 하기는 했지만 1년 갖고는 안 돼요. 그래서 올해 한 번 더 인권강사 교육을 받으면서 공부를 하기로 했어요. 적금 붓는다고 생각하고 열심히 하려구요. 나름대로 책도 사서 읽고 있고……. 인권강사 아카데미를 통해서 많은 걸 배웠어요. 그리고 거기서 사람들 이야기를 들으면서 저 스스로 깨뜨려야 할 생각이 많아서 힘들었지만 잘 받아들였고, 내 안에 있는 많은 편견들을 버리고 생각이 변화되는 한 해를 보낼 수 있도록 노력 중입니다.

활보와 제이, 그녀 둘의 사생활

••• 선생님이 몇 번째 활보신지? 첫인상은 어떠셨어요?

제이 언니는 저에게 여섯번째 활보이고, 첫인상은 그냥 그랬어요. 처음에 오해가 있었어요. 언니가 의역학 공부를 하신다고 했는데 저는 뭔지도 모르면서 좀 끔찍했어요. 그런데 점이나 그런 게 아니라 한의학, 『동의보감』, 그런 쪽이란 걸 알게 돼서 지금은 마음이 편해졌어요.

●●● 다른 활보 분들에 비해 경미샘은 어떤 점이 다른가요?

제이 배울 점이 많고 특히 (저의) 문제점을 확실하게 짚어 주시면서 잘못된 부분을 알려주세요. 솔직히 처음에는 활보를 바꾸고 싶기도 했어요.

●●● 그럼 싸우실 때도 있겠어요. 책에는 S랑 거의 싸우고 제이 씨랑은 알콩달콩한 얘기들이 주를 이루지만…….

제이 어떻게 싸움을 안 해요. 사람이 사람이랑 만났는데, 말이 안 되죠. 부딪치는 문제들이 가끔 있어요. 최근에는 (언니가) 저에게 자립을 하라고. 너도 30대고 연습도 할 겸. 언제까지 가족이랑 같이 살려고 하느냐는 얘기를 하다가. 저는 아직 마음이 없다, 아직까지 부모님이랑 같이 살고 싶다고 했는데, 저한테 그러고 싶냐고 하는 거예요. 언제까지 그럴 거냐, 빨리빨리 자립을 해서 부모님 짐을 덜어 줘야지. 부모님도 이제 연세도 있으시고, 부모님 인생도 살아야지. 그 말도 맞아요 맞는데, 솔직히 말해서 아직 제가 준비가 안 됐어요, 마음의 준비도 안 되고 여건도 안 되고, 여러 가지로 준비가 안 되고,

자신감도 없고 이래서 자립을 좀더 있다가 하는 걸로 말을 했는데 얘기가 잘 먹히지가 않아서.(웃음)

정경미 그래서 얘기하다가 싸우러 카페에 갔는데, 제이가 주문을 하면서 "라떼에 거품을 하트 모양으로 해주세요"(빵 터지신 경미샘) 그러는 바람에 완전히, 완전 그냥 싸움이 해제됐어요. 그런 식이에요.(웃음)

제이 제가 솔직히 사람을 당황스럽게 만들 때가 있어요.

정경미 알긴 아는고만.

●●● 선생님께도 여쭤 볼게요. 제이 씨가 활보 중이신 다른 친구들과 다른 점이 있다면?

정경미 저는 이제 S, 그 다음에 주로 제이하고 활동하고, 그리고 H, 저는 세 명밖에 안 해봤잖아요. S하고 제이하고 H, 이렇게 세 명을 해봤는데, 하고 있는데…… 다른 친구들이랑 비교해 봤을 때 제이가 같이 활동을 하는 데 있어서 어떤 스타일인가 하면 믿고 맡기는 스타일? 그래서 기본적으로 어떤 걸 오늘 뭘 한다, 이것만 정하면, 같이 이것만 공유를 하면 그냥 알아서 하도록 믿고 맡기는 스타일이에요. 그래서 저는 그런 게 굉장히 편한데, 편하기도 한데 힘든 부분도 있죠. 알아서 해야 하는 부분이 힘든 부분이니까요. 암튼 그런 믿고 맡기는 스타일? 그런 게 다른 사람들하고 굉장히 다릅니다. 예를 들어 찌개를 끓인다 할 때 이용자가 활보에게 양은 얼마나 하고, 간은 어때야 하고, 무슨 재료를 어떻게 하라는 등 아주 디테일한 부분까지 요구할 수 있거든요. 그런데 제이는 "김치찌개를 맛있게 끓여 달라" 이게 끝이거든요. 그리고 어떻게 해줘도 다 맛있게 먹어요.

제이 맞아요. ^^

정경미 그래서 어떻게 보면 나하고 스타일이 좀 (잘 맞죠). 나는 내 멋대로 하는 걸 좋아하니까. (제이는) 그런 스타일.

●●● 아까 활보를 바꾸고 싶었던 적도 있었다고 했는데 지금은 어떤가요? 책에서 보면 선생님을 버리려고 한 전과(?)도 있으시고. 만약 남자 활보가 생긴다면 경미 샘과 헤어질 수 있다? O? X?

제이 X예요. 남자친구랑 활보랑은 다르니까.

●●● 그런데 실제로 성별이 다른 활보와 활동을 하기도 하나요?

정경미 그런 경우가 많지는 않은데 있더라구요, 가끔. 또 남자 활보랑 결혼하는 커플들이 종종 있대요. 근데 활동의 종류에 따라 다르잖아요. 그냥 외출만 하는 경우에는 남자나 여자나 상관이 없는데 화장실에 가고 씻고 먹고 이런 거가 조금 불편하지 않을까……. 본인들은 괜찮대, 근데 주변사람들이 너무 불편하대.(웃음) 활보 코디네이터, 센터에 코디네이터들이. 본인들은 괜찮은데 주변사람들이 너무 불편하대.

제이 아직도 우리나라는 개방적이지 못하잖아요. 이상한 시선으로 많이 보는 것 같아요.

정경미 그래도 남자 활보가 있으면 좋지 뭐.(웃음) 굉장히 부러워하면서 막, 남자 활보랑 있으니까 제이가 거기서 눈을 못 떼는 거야.(웃음)

제이 저는 신기한 거예요, 남자 활보는 한 번도 못 봤거든요 솔직히 말해서. 그걸 한 번씩 볼 때마다 신기하기도 하고 같이 있으면 어떨까 궁금했어요.

정경미 아까 OX에서 X가 아니잖아, O였어.

제이 그렇긴 하지만, 아무래도 요즘은 무서운 세상이잖아요.

정경미 당신이 더 무서워~.

●●● 제이는 몇 살 때부터 활보랑 같이 생활을 했어요?

제이 서울로 오면서부터. 군포에 있을 때는 활보제도가 없었구요.

●●● 활보가 생기고 나서 좀 달라진 점이 있나요?

제이 그럼요. 많이 달라졌어요. 활보가 있기 전에는 제가 혼자 나갈 수 있는 게 주일에 교회 가는 게 전부였어요. 아주 가끔 도움을 받아서 나들이를 가거나 했구요. 토요일에도 집에만 있고, 나가더라도 정말 코앞만. 지하철 타는 것도 엄두를 못 냈죠. 집에 혼자 있는 시간이 많으니까 컴퓨터만 하는데 그것도 싫고……. 그래도 할 게 컴퓨터밖에 없어서 여기저기 인터넷을 돌아다니다가 장애인 자립생활센터라는 걸 알게 됐어요. 그래서 활보도 이용하게 됐구요. 여기서부터 정말 제 삶이 달라졌어요. 어디에 가고 싶다거나 하고 싶은 게 있을 때 누군가에게 특별히 부탁하지 않아도 되는 게 정말 좋았어요. 서울에 왔어도 못 가 본 곳이 너무 많았는데 여기저기 가서 친구들도 만나고 맛있는 것도 먹고 영화도 보고 쇼핑도 하면서 즐겁기도 하고 사는 데 좀 자신감이 생겼어요. 나도 뭔가를 할 수 있겠구나, 또 뭔가 하고 싶다 그런 생각을 했어요. 그래서 포토샵이랑 일러스트를 배워야겠다고 결심을 하고 활보(그때는 경미샘이 아닌 다른 활보)와 함께 학원도 다녔어요. 그러고 나니까 사회생활도 하고, 경제 활동도 하는 사회인이 되고 싶더라구요. 취업을 하기에는 많은 어려움이 있는 것도 사실이지만, 도전해 보고 싶었어요. 집에서 컴퓨터로 이력서도 쓰고…… 면접이나 서류 준비도 해야 했는데 옆에 활보가 있으니까 큰 도움이 됐어요. 그래서 인턴이기는 했지만 회사에 들어갔고, 현수막을 만드는 데였는데, 디자인하는 게 어렵고 힘이 들었지만 완성시키고 나니까 기쁘고 보람이 느껴지더라구요. 또, 활보가 생기고 나서 달라진 건 여행이요. 전에는 감히 생각지도 못한 일이었거든요. 춘천이 이제 전철로도 갈 수가 있어서 처음으로 활보와 함께 갔었는데 닭갈비도 정말 맛있고, 남이섬에도 갔었는데 남이섬에 들어가면서 처음으로 배를 타봤어요.

매주 밀알 모임에 가는 거를 비롯해서 인권강사 교육이나 얼마 전에 시설 조사 알바 같은 게 저에게는 다 너무 좋은 경험들이에요. 이렇게 좋은 경험들이 저한테 하나둘씩 쌓이고 저에게 좋은 변화들이 일어나니까 감사하다는 생각이 절로 들어요.

●●● 활보제도 덕분에 좋은 경험도 많이 할 수 있었지만 그래도 꼭 보충되거나 개선되어야 할 부분이 있다면 뭘까요?

<u>제이</u> 아무래도 조건들이 좀 안 맞아서……. 급여가 부족해서, 시간이 부족해서, 또 제가 가족과 함께 사니까 부양의무제 때문에 아직 (활동보조서비스를) 많이 못 받고 있어요. 그리고 부모님과 함께 살고 있어서, 부모님이 집도 있고 차도 있다고 제가 자부담비 최고 액수를 내고 있어요. 그런데 그 돈을 부모님이 내 주시지 않거든요. 그동안 제가 일해서 번 돈으로 냈는데 지금은 실업자가 돼서 활보 자부담비가 엄청 부담이 돼요. 부양의무제도가 폐지됐으면 좋겠구요. 활동보조 이용자들은 많은데, 활동보조는 그에 비해서 적어요. 활동보조가 더 많아졌으면 해요.

●●● 선생님 입장에서 활보서비스에 개선되어야 할 점이 있다면요?

<u>정경미</u> 저는 임금이 올랐으면 좋겠다는 생각이.(웃음) 지금 8,300원에서 2월부터 8,550원으로 시급이 올랐거든요. 근데 그중에서 75%를 활보 노동자가 가져가고 25%가 센터에 중개료로 나가요. 그러면 실제로 활보한테 지급되는 시급이 6,400원 정도거든요. 그러니까 이 노동이 1시간에 6,400원인거예요. 그게 굉장히 적고, 물론 저

는 그걸로도 감지덕지하지만. 사실 이 제도가 얼마나 힘들게 생겼고, 이거를 만들기 위해서 싸웠던 사람들이 굉장히 고생을 많이 했기 때문에 그나마 혜택을 보고 있는 입장에서 굉장히 고맙게 생각하지만, 제가 월화수목금 5일 동안 2명 활보를 하는데 ──이틀은 공부를 하니까──5일 동안 아침 일찍부터 저녁 늦게까지 활보를 하거든요. 그렇게 하면 간신히 120~130만 원 정도가 돼요. 그러면 월세 내고 식비 내고 간신히 공부를 할 수 있는 그런 정도인데, 이걸로는 생활하기가 너무 힘들어서. 그래서 제 주변을 보면 이거를 자기 직업으로 생각을 하고 자긍심을 가지고 비전을 갖고 일하는 사람이 참 없는 것 같아요. 그렇게 되는 가장 기본적인 이유가 임금이 안 되고 있다는 생각이 들어요. 올해 활보 급여가 조금 올라서 1,900원 정도가 올랐어요. 올라서 6,400원 정도가 되는 건데, 물가 인상분에 비하면 좀 생색내기인 편이죠. "올려줬잖아 니네" 하는. 근데 너무 생색내기인 것 같고, 직업으로서 생존권 보장하기가 참 힘들다는 생각이 들어요.

●●● 그럼에도 불구하고 활보를 하고 나서 제일 많이 달라진 점이 있으시다면요? 활보를 하시는 이유가 될 것도 같은데요.
<u>정경미</u> 저는 이 일이 저에게 굉장히 맞다고 생각합니다. 이게 체력이 굉장히 많이 필요한 일이거든요. 제가 몸이 굉장히 건강한데 앉아서 공부만 하고 있으니까 다 쓰지 않은 힘이 자기를 공격하는 거예

요. 그래서 항상 우울하고 침울하고 그랬었는데, 일을 하면서 몸이 굉장히 건강해졌어요. 또, 이 일 자체가 다른 사람하고 일심동체가 되어야 할 수 있는 일이거든요. 다른 사람하고, 다른 신체하고 호흡을 맞추는 게 안 되면 같이 있을 수가 없는 거예요. 활보 일 하면서 다른 사람하고 호흡을 맞춰서 움직이는 몸으로, 몸이 좀 바뀐 것 같아요. 몸이 좀 유연해진 것 같아요.

●●● 그럼 제이하고는 잘 맞는 편인 거죠?

<u>정경미</u> 네, 잘 맞아요. 그러니까 지금까지 같이 하는 거죠, 안 맞으면 그냥 하루도 같이 있기 힘들어요. 다른 사람하고 맞춰서 활동을 하는 연습, 그런 게 굉장히 저에게 도움이 되었죠. 얼마 전에 설날이었잖아요. 그런 명절이 되면 저는 갈 데가 없었어요.(웃음) 다 문을 닫잖아요. 그래서 갈 데도 없고 할 일도 없었는데 활보 일은 손이 필요하고 하니까. 그때 오히려 활보가 비상이 걸려요. 사람들이 명절 쇠러 가면, 중증장애인들이 똥 누고 오줌 누고 하는데 명절이 상관이 없잖아요, 사람이 계속 필요하죠. 비상이 걸려서 사람이 필요할 때 '아! 내 손이 꼭 필요한 자리에 가 있을 수 있다'는 거, 그래서 명절 때 할 일이 있고, 갈 데가 있다는 게 너무 좋아요.(웃음) 그래서 이번 설날에 제이는 가족들하고 같이 있으니까, H하고 서울대공원 동물원에 갔거든요, 놀러. 호랑이 보고.(웃음)

●●● 제이에게 마지막으로 올해 계획 좀 여쭤 볼게요. 인권 공부하는 거 말고 일자리도 계속 찾고 계시다고 했잖아요. 또 계획이 있다면?

제이 취업을 하고 싶은데, 자립을 준비해야죠. 이제는 마음의 준비를 해야죠. 옆에서 자립하라고 말하는 사람들이 많이 있고, 저도 좀 더 몸도 마음도 성숙해져야 돼요. 그리고 올해 한 가지 더 바람이 있다면, 남자친구가 생겼으면 좋겠어요.(일동 대폭소)

●●● 올해 꼭 남자친구가 생겼으면 좋겠네요. 그래서 『활보 활보』 2탄 나올 때는 제이의 연애기로 가득 채워졌으면 좋겠어요. 기대할게요!

"나에게 시간은 혼자 있을 땐 꽝꽝 얼어붙어 있다가 제이의 휠체어 꼬리에 매달리는 순간 파닥파닥 되살아나는 것 같다."(94쪽)

정말이었다. 제이와 함께한 시간은 그랬다. 잠깐이었지만 행여나 제이와 함께 들어갈 마땅한 카페를 찾지 못할까 봐 얼어붙었던 마음도 제이를 만나면서 스르르르 풀렸다.

제이와 차를 마시는 동안 선생님은 연실 제이의 코를 닦아 주고, 말을 하는 제이의 목이 마르지 않도록 라떼를 먹여 주면서 활보를 소홀히 하지 않았다. 그리고 제이의 말을 들어 주고, 우리에게 옮겨 주면서 깔깔, 크게 웃었다. 선생님이 제이의 활보라면, 제이는 선생님의 웃보(웃음 보조) 같았다. 그래, 우리는 누구하고나 그런 사이일 것이다. 서로 '보조'를 주고받는 사이, 결국 끝까지 함께 '활보'할 수밖에 없는 사이!

용어 해설

활보

장애인활동보조인의 줄임말. 활보는 혼자서 일상생활 및 사회활동을 하기 어려운 장애인들에게 파견되어 외출을 돕거나 일상생활에 필요한 일들을 함께 한다. 활보는 외출뿐 아니라 식사 준비, 청소 등의 가사 일에도 도움을 주며 장애인의 필요에 따라 하는 일의 범위도 달라지는 점이 특징이다. 활동보조제도에서는 장애인이 이용자이고, 활보가 서비스 제공자가 된다.

활보는 장애인과의 관계를 관리하는 중계기관을 통해 활동한다. 이용자가 중계기관에 활보가 필요하다고 연락하면 기관에 소속되어 있는 활보를 소개시켜주는 방식인 것. 이용자가 간단한 면접(만남)을 통해 확정하면, 활보의 일이 시작된다. 휠체어를 운전하거나, 휠체어의 뒤를 따라가므로 걷거나 뛰는 등 신체의 움직임이 많고 이용자를 들어 올리거나 움직임을 돕는 등의 일을 자주 하므로 전반적으로 상당한 체력이 요구되는 직업이다. 활동에 소요되는 노동력의 강도에 비해 경제적 보상이 적기 때문에, 아르바이트 정도로 인식되는 경우가 많다.

활동보조제도(장애인활동지원제도)

① 활동보조제도의 필요성   장애인 인권에 대한 문제는 최근에야 본격적으로 제기되고 있다. 이는 장애인의 돌봄은 가족이 감당해야 할 몫이라는 암묵적인 분위기가 지배적이었기 때문이다. 따라서 장애인들에게는 삶의 선택지가 많지 않았다. 가족이 있을 경우 집에서 지낼 수 있었지만, 그나마도 외출이나 사회활동은 힘들었고 그렇지 않을 경우 보호시설로 보내지기 일쑤였다.

그러나 가족에게 자신이 짐이 된다는 부담감을 떨치는 것도, 시설에서의 생활이나 자립도 결코 쉽지 않았다. 장애인들에게는 자신의 일상생활을 해나가기 위한 지속적인 도움이 필요했기 때문이다. 활동보조제도가 생기기 전에도 활동보조인은 있었지만, 개인이 부담해야 하는 비용이 너무 컸다. 활동보조제도는 가족이나 시설에만 묶여 있던 장애인들에게 자유로운 활동을 시작하게 되는 계기로서 요구되었던 것이다.

② 제도가 만들어지기까지   2006년 3월 서울시를 상대로 장애인단체들이 활동보조제도의 필요성을 인식하고 활동보조서비스를 시행할 수 있는 근거와 구체적인 실행 방안을 요구했다. 하지만 시에서는 예산을 문제 삼아 실행 여부를 회피하고 있었고, 장애인들은 40일 가까이 서울시청 앞에서 노숙 농성을 했지만 시장과의 면담조차 진행되지 못했다. 이런 상황이 지속되자 장애인들은 한강대교를 건너 노들섬에 도착하는 도로를 점거하기로 결정했다. 2006년 4월 27일, 누군가의 도움이 없으면 화장실조차 가기 어려운 장애인 30여 명이 맨몸으로 한강대교를 건넜다(정확히는 '기었다'고 해야 할 것이다). 그들은 몸의 일부와 같은 휠체어에서 내려 다른 사람들의 도움도 받지 않은 채 천천히 나아갔다. 도로 점거로 교통이 혼잡해지자 일부 시민들로부터 험한 말이 쏟아져 나오는 가운데 이들이 다리를 건너는 데까지 걸린 시간은 330여 분(총 5시간 30분이 걸린 것이다). 탈진하고 혼절할 때까지도 멈추지 않았던 그들의 걸음은 결국 서울시로부터 활동보조서비스를 장애인의 권리로 인정받는 결과를 이루어 냈다. 이어 대구, 인천, 충북 등에서도 활보 투쟁이 이어졌고 지자체로부터의 조례 제정을 약속받았다. 그 해 6월 보건복지부는 "활동보조서비스를 중증장애인의 권리로 인정한다"는 발표를 통해 활동보조서비스를 제도화하기 시작했다.

③ 대상 및 지원 내용   활동보조서비스의 이용을 위해서는 국민연금공단 지사에 신

청해야 한다. 국민연금공단의 장애등급 심사 후 활동지원 등급이 최종 결정되며, 1~4급까지 구분되어 등급에 따라 차등 지원된다. 이러한 등급 구분은 '장애인 등급제'와도 깊은 관계가 있다. 이동 보조, 방문 목욕, 방문 간호 등을 지원받을 수 있는데, 활동지원 등급에 따라 최대 사용 시간(금액)이 정해져 있다. 이를 초과해서 이용하는 비용은 자신이 부담해야 한다. 활동보조제도가 절실한 어려운 형편의 장애인들에게는 자부담의 제약이 크고, 이용하는 데 한계가 있기 때문에 활동지원 등급제와 시간 상한선을 폐지해야 한다는 것이 장애인계의 공통된 요구다.

바우처 시스템(voucher system)

활동보조제도를 이용할 수 있는 일종의 이용권이다. 장애인 개인에게 배정받은 시간만큼 이용할 수 있는 '바우처 포인트'를 카드에 적립해 주는 방식이다. 활동보조인들은 이용자를 만나러 갈 때 바우처 카드 단말기를 휴대하게 되는데, 이용자가 서비스를 이용할 때마다 매일 사용한 시간만큼 포인트가 차감된다. 즉, 이용자가 시간이라는 쿠폰으로 활동보조인의 노동력을 사용하면, 임금을 국가가 지불하는 방식이다. 바우처 포인트는 이용자의 가구원 수, 월 소득, 활동지원 등급에 따라 월 한도액이 정해지며, 월 한도액의 일부를 본인부담금으로 선입금한 후 이용할 수 있다.

활동보조 코디네이터

활동보조인과 이용자 장애인을 연결하여 활동보조서비스가 이루어지게 하며, 이 사이에서 발생하는 여러 행정업무, 지원업무를 수행하는 직업이다. 활동지원 중계기관에 소속되어 활동한다. 국가는 중계기관에 바우처 시스템의 수수료에 따른 수익을 지급하므로, 중계기관에서는 활동보조인과 이용자를 많이 확보할수록 수익이 높아지는 구조로 되어 있다.

장애인 등급제도

장애인 등급제는 1989년 장애인복지법이 시행되면서 신설되었다. 신체장애 정도를 의학적으로 판단하여 등급을 지정하고 관리하는 제도이다. 한국사회에서는 장애인 복지제도가 모두 등급제를 기반으로 실행되고 있다. 또한, 장애 등급에 따라 사용 가능한 서비스의 제한이 있기 때문에 부양의무제와 더불어 '장애인 2대 악법'으로 여겨진다. 장애 등급제를 도입한 국가는 한국과 일본뿐이다. 일본의 경우 등급에 제한 없이 서비스를 이용할 수 있도록 한 반면, 한국사회에서는 오히려 등급제를 강화하는 실정이다. 장애인 등급제 폐지를 꾸준히 요구하고 있지만, 관계 부처는 행정상 관리의 어려움을 들며 등급제를 고수하고 있다.

부양의무제도

소득이 최저생계비에 못 미치더라도 직계 부양의무자가 일정 부분 소득이 있거나 일정 기준 이상의 재산이 있으면 기초생활수급자가 될 수 없도록 한 조항이다. 부양의무자의 범위는 부모, 아들, 딸 등 직계 혈족 및 배우자까지이며 부양의무자가 있는 가구의 소득에 따라 기초생활 수급 여부가 결정된다. 개인의 장애 등급에 관계없이, 가족과 함께 생활하거나 가족 소유의 재산이 있는 경우 국민기초생활제도 수급자에서 제외된다.

최저생계비

국민기초생활보장법은 수급자에 대한 급여 수준을 "가구 소득과 생계급여, 주거급여, 의료급여, 교육급여 등 각종 급여를 합하여 최저생계비 이상이 되도록" 규정하고 있다. 기초생활 수급은 사각지대가 많아 실제로 최저생계비를 보장받지 못하는 경우가 있다. 2001년 당시 36세의 뇌성마비 1급 장애인이었던 최옥란 씨는 "월 생계급여(의복·음식 등 일상생활에 필요한 기본 금품을 현금으로 지급하는 것) 28만 원으로는 영구임대아파트 관리비 16만원과 치료비 20여 만 원을 감당할 수가 없으니, 이후에는 나같이 국무총리를 원망하며 최저생계를 반납하는 수급자가 나오지 않도록 최저생계비와 생계급여를 현실화시켜 줄 것을 부탁한다"며 생계급여를 반납했다. 의료서비스를 받기 위해서는 수급자가 되어야 했고, 그러기 위해서는 돈을 벌지 말아야 했다. 그러나 돈이 없으면 아들의 양육권을 되찾을 수도 없었다. 그녀는 2002년 3월 26일 스스로 목숨을 끊었다. 최저생계비 현실화를 요구하며 명동성당에서 홀로 농성을 벌인 지 일주일째 되는 날이었다.

장애인 이동권

2001년 지하철 4호선 오이도역에서 리프트를 타던 장애인 노부부의 추락 사고를 계기로 장애인 이동권에 대한 인식이 새롭게 대두되었다. 전국장애인차별철폐연대(전장연)를 주축으로 장애인 이동권에 대한 목소리를 내기 시작했다. 대부분의 공공시설이 장애인을 배려하지 않고 만들어진 경우가 많고, 교통수단 또한 비장애인을 중심으로 설계되어 있기 때문에, 장애인들은 원하는 곳에 가는 것조차 어려운 상황이었다. 특히 버스나 지하철과 같은 대중교통의 이용은 더욱 어려웠다. 장애인 콜택시는 대기 시간이 길었고, 그나마도 장애등급에 따라 이용이 제한되었다. 장애인 이동권 보장을 위해 저상버스의 도입과 지하철 전 역사 내 엘리베이터 설치를 요구하며 오랜 투쟁을 해왔지만, 2013년까지도 아직 서울 시내에는 저상버스가 100% 도입되지 않은 실정이다.

장애인 인권강사 양성 아카데미

사단법인 장애물없는생활환경시민연대(무장애연대)와 서울시 양천구 장애체험관에서 진행하는 프로그램. 장애인 당사자를 장애인 인권강사로 양성할 목적으로 인권 전반에 대한 감수성을 기르는 기본 교육과 장애인인권 교육 방법론 등을 배우는 심화교육 과정으로 진행된다.